노을에 비치는
회상의 물결

# 노을에 비치는 회상의 물결

서양호 수필집

나무향

■ 작가의 말

## 두 번째 수필집을 내며

올여름 삼복더위 기세가 유난스럽다.
어제는 지나간 오늘이요, 오늘이 지나면 내일이 되어 흐르는 세월 따라 나이만 쌓여갔다.
사람들은 나이의 매듭마다 이름을 붙여 놓았다. 팔순이 아주 멀 것 같았는데 어느 틈에 내 곁으로 다가와 산수(傘壽)가 된 나이에 놀란다. 이루어 놓은 것도 없고, 내세울 것도 없는 인생이지만 희수(喜壽)를 지난 후 그래도 제일 보람 있었던 일이 수필 문단을 기웃거린 일이다.
이제 등단한 지도 7년이 지났고 욕심을 부려 첫 수필집을 출간한 지도 3년 여의 시간이 흘렀다. 나이듦에 따라 어쩔 수 없이 느끼게 마련인 노년기의 심상을 들여다보는 일이 잦아졌고 이 나이에 지녀야 할 태도나 자세도 살피게 된다.
인생 나그넷길에 더러는 흔들리고 더러는 우울한 시간에 잠길 때도 있다. 집착에 머물수록 가슴에는 멍이 들고 욕망은 내릴수록 마음이 편해지고 맑아진다고 했다. 마음을 열어야 세상도 열린다는데 글 쓰기를 통해 나를 다스리려 애쓴다.
인생에서 향기가 풍겨야 수필에서도 향기가 나는 법이라고 배웠는데, 글이 향기롭지 못함을 절감하며 자신의 품성을 뒤돌아

보게 했다.

　이제 얼마 남지 않은 여생, 모든 것은 세월의 침식에 지워져 가고 사라져 갈 것이다. 그러기에 일상의 자취나마 남기고 싶은 생각에 조바심이 났다.

　그간 여러 문예지와 신문 등에 실렸던 글 20여 편이 제2수필집 출간에 마중물이 되었다. 내 살아온 날들의 이야기와 생각 중에서 어느 한 편이라도 누군가에게 긍정과 공감을 얻을 수 있기를 바라면서 부족한 글재주와 마음의 품이 좁은데도 미련을 부리고 말았다.

　나잇값을 해야 하는데, 마음에 머금고 있는 생각들을 드러내기가 여간 조심스럽지 않다. 문재(文才)가 부족하여 출중한 글솜씨를 지니지 못했지만, 정성으로 글을 다듬었다.

　글쓰기를 격려하고 글 곳곳에 어려 있는 어색한 표현이나 문장에 의견을 아끼지 않았던 아내 정진행(精進行)에게 감사함을 표한다.

　입추 지났으니, 더위도 수그러들 터이고 9월이 오면 글들도 새 얼굴에 담겨 나올 것이다.

　이 수필집의 작품을 해설해 주신 (사)한국수필가협회 명예이사장님이신 최원현님께 존경과 감사의 예를 올립니다. 아울러 더운 날씨에도 도움 주신 출판사 여러분께도 고마움을 표합니다.

乙巳年. 여름
청계 寓居에서 저자 香雲 서양호

차 례

작가의 말 4

## 1부 노을에 비치는 회상의 물결

13 나이 듦에 대하여
18 인생의 노을
23 노을에 비치는 회상의 물결
28 마지막 준비
33 노인의 특혜
37 여생의 태도
42 가을날의 약속
47 부부로 산다는 것
52 우정에 대하여
57 라스트 세션

## 2부 일체유심조

65 불(佛) 제자의 번뇌
70 일체유심조(一切唯心造)
74 고집멸도(苦集滅道)
79 반가사유상(半跏思惟像)
84 불탑(佛塔)
89 연꽃
94 홍련암
98 석모도 보문사
103 남해 살이
108 삶이 그대를 속이더라도

## 3부 바다 앞에 서면

115   바다 앞에 서면
120   바닷길을 걸으며
125   봄날의 찬미
130   늦가을 산책
134   아름다운 담
139   바람의 흔적
143   맨드라미
148   배롱나무
153   보리밭
158   팔당호의 추억

# 4부 예(禮)를 생각하며

165 　말의 품격
169 　예(禮)를 생각하며
173 　알아야 면장을 하지
177 　사자성어(四字成語) 용례(用例)
182 　주치의와 환자의 자세
187 　한 야구인의 은퇴 장면
192 　트로트 열풍
196 　머리 얹는 날
201 　달리는 사무실
206 　헌책방 골목

## 5부 대서양 해변의 하루

213  영랑의 길, 다산의 길
218  섬에서 보내는 가을
222  산티아고 순례길
227  대서양 해변의 하루
231  이스탄불 여행기
236  러시아 바이칼 여행기
245  바래길을 걸으며
250  지심도 바다 여행
254  홍도
258  백령도 여행


*작품 해설-서정적 회고와 철학적 사유의 융합-**최원현** 264

# 제1부

## 노을에 비치는 회상의 물결

나이 듦에 대하여
인생의 노을
노을에 비치는 회상의 물결
마지막 준비
노인의 특혜
여생의 태도
가을날의 약속
부부로 산다는 것
우정에 대하여
라스트 세션

# 나이 듦에 대하여

사람은 누구나 나이가 들면서 청년이 되고 중년이 되고 노인이 된다.

이 사실을 모르는 사람이 없겠지만, 그런데도 사람들 대부분은 언제까지나 젊음이 지속되리라 착각하며 살아간다. 그렇다 해도 몸 어딘가에 예전과 다른 증상을 느끼게 되면 비로소 나이 듦을 느끼게 되어 당황스러워하는 것이다.

노년은 누구나 맞이할 수밖에 없는 현상이다. 노인임을 자각하게 되면 기울어져 가는 몸과 마음으로 노년을 어떻게 받아들여야 할지 고민하기도 하고, 아직은 미래에 도래될 일이라고 애써 외면하는 사람도 있다. 또 다른 한 편은 나 자신에게는 절대 노년이 오지 않으리라며 허세를 부리기도 한다. 하지만 이들 모두도 나이 들며 세월에 안겨지게 마련이라 노년은 오고야 마는 것이다.

오늘날 활발히 진행 중인 '바이오 대 전환'은 생명을 연장하는 면에서 과거와 비교할 수 없는 큰 진전이 이루어지고 있다. 인간 생명은 더욱 연장될 것이며 따라서 죽음 또한 그만큼 유보될 것이다. 이는 살아있음의 연장을 의미한다. 젊음과 늙음에 대한 기존의 인식과 견해는 다시 생각해야 하는 실마리가 되어 삶과 죽음, 인간다움을 성찰하는 계기가 될 것이다.

　노년이 되어도 체력과 기억력을 유지할 수 있다고 주장하는 사람도 있다. 또한 훌륭한 삶, 덕스러운 삶을 살아온 사람은 노년이 되어도 권위와 명예, 존경을 누릴 수 있는 고유한 즐거움이 있다고 주장한다. 노인이 맞게 되는 문제점은 이 시기에 오게 되는 체력 저하나 생물학적인 특징 때문만은 아니다. 이전에 이룬 것들에 더하여 인생의 마지막 장을 얼마나 더 훌륭한 의미를 갖추어 마감할 수 있을까 고심한다. 여기에 따라 노인의 삶이 고유한 즐거움과 어떤 역할이 부여된 축복의 시기인지 또는 그 반대의 시기인지로 나누어지게 된다.

　노인을 단지 나이 든 사람이라는 하나의 범주나 개념으로 말해 버린다면 단순화와 일반화로 한정하는 잘못에 직면할 수 있다. 나이 때문에 자기를 존경해 오던 사람들로부터 이제는 멸시를 받는다고 불평을 늘어놓는 사람도 있다. 그런 불평은 나이라기보다는 그의 성격 탓일 수 있음을 간과해서는 안 된다. 기억력 감퇴로 활동마저 줄어든다는 불평에 대해서는 노인들도 열성과 관심만 지닌다면 여전히 지적 능력을 발휘할 수 있다고 주장하는 사람의 의견이 더욱 타당해 보인다. 어떻든 체력은 유지해야 하며 그 중요성은 절대적 요소다. 그래야 종장에 이를 때까지 남에게 의존함이 없이 노인의 권리를 방어하면서 존경받는 노인으로 자신의 자세를 다스릴 수 있는 것이다. 노년의 적절한 활동은 젊은이들과 달리 기억력과 정신력에 의존하는 바가 많다. 활동을 발휘할 정도의 체력은 노력으로 갖출 수 있을 것이며 또한 그래야 한다는 데 동의하게 된다. 나이에 따른 체력의 감소가 있겠지만 그 사실을 자연스러운 것으로 여겨야지 아쉬워만 할 일은 아니라고 생각한다.

오직 단 한 번만 가게 되는 이 숙명적인 길을 거의 다 가고 있는 상태에서 과거를 회상할 수 있는 정신적 능력이 있다면 이것은 젊은 날을 거쳐 도달한 원숙함이며 전 생애를 거쳐 축적한 결실인 것이다. 노년의 세월은 육체적 쾌락은 줄어들지만 성공적 삶을 살아온 결과로 얻게 된 존경받는 특권을 누리며 즐겁게 살아야 할 시기다.

누구나 나이가 들고 누구나 노인이 된다. 과거에도 그랬고 지금도 그렇다. 그렇기에 세상이 바라보는 노인에 대한 인식에는 두 가지 시각이 있음도 헤아려야 한다.

하나는 긍정적이고 낙관적 시각이다. 오랜 경험에서 얻어진 현명함과 인생을 관조하는 여유로움과 관대함을 존중하여 그 존재를 인정하는 시각이다. 이렇게 특징 지어진 노인이라면 응당 권위를 인정받으며 존중받게 마련일 것이다.

또 다른 하나로 부정적이고 비판적인 시각이 있다. 신체적 노화로 인해 지적 사고가 어려워졌고 스스로는 경제적 존립도 어렵고 빈곤하게 되어 누군가에게 의존할 수밖에 없게 되어 자연히 소외되고 고립된다는 시각이다.

노인이 되면서 '나이 듦을 어떻게 받아들여야 할까'라는 문제에 부딪힐 때도 항상 상반된 시각에 맞닥뜨리게 된다. 나이 듦이 희망적이기도, 절망적이기도 하다는 두 가지 모습이 혼재하고 있다는 사실이다. 그러기에 어느 한쪽이 절대적일 수 없는 까닭은 이 상반된 시각에 부합되는 노인이 현실에 함께 존재하기 때문이다. 노인이 되어가는 늙음에 대하여 현실적으로 어떤 자세를 취함이 현명한가? 하는 문제를 결코 외면할 수 없다. 절대적 원론이 있는 것도 아니어서 사람마다 가지는 생각이나 견해가 다를 수 있음도 사실이다. 그런 점을 고려할 때 고전에서 취해온 태도와 인식을 살피는 것이 도움이 될 수도 있을 것이다.

맹자는 죽음에 임할 때까지 자신의 도리를 다한 후 주어진 명(命)을 맞는 것을 정명(正命)이라 했다. 이는 주어진 천명을 온전히 다한다는 뜻인데 이 경우에도 늙음의 과정을 필연으로 거쳤다. 도리를 다하고 죽음을 맞이했다는 것은 늙음과 죽음의 과정에서도 도덕적 실천을 외면하지 않았음을 의미한다. 또한, 명이 길고 짧음에 얽매이지 않고 수신(修身)하며 명을 기다리는 삶을 노년다움의 자세로 환기한 셈이다.

삼경(三經)의 하나인 예기(禮記)를 통해서도 노년다움의 모습을 엿볼 수 있다.

그중 하나가 '그만둘 줄 앎'이다. 이는 '멈출 줄 앎', '놓을 줄 앎' 등으로 바꾸어 표현할 수 있다. 또한 이를 소극적 차원과 적극적 차원으로 나누어 살폈다. 소극적 차원으로는 공사 모든 방면에서 해오던 일을 그만둘 줄 아는 것을 의미한다. 적극적 차원으로는 그만두고, 멈추고, 놓는 삶의 수준에서 머무는 것이 아니라 '쉴 줄 앎'의 단계까지 나아가는 것을 의미한다. 즉 '마음의 한적함'을 노년다움의 한 모습으로 사유한 것이다. 아울러 노년다움의 핵심은 젊음의 상실과 생명의 단절에서 오게 될 소멸 등의 부정적 경향에서 벗어나서, 남은 삶의 의지를 지켜내며 나아가 그 의지를 펼쳐내는 것으로 보았다. 남은 삶을 삶답게 보내기 위한 노년다움은 아름다운 뜻을 지니며 즐겁고 평이(平易)함, 근본을 깨달음, 지혜로움, 욕심이 적음 같은 내면의 수양과 정신적 활동을 일상적 활동으로 삼았다.

노화나 질병이 종종 참을 수 없는 고통을 안기기도 하지만 오래도록 시간과 마찰하며 늙고 병들어 간다는 것도 축복이라 생각하면 어떨까? 건강한 사람은 공간을 살고 아픈(늙은) 사람은 시간을 살게 된다. 미래가 줄어들고 과거가 부풀어 올라 살아생전 목격한 어두운 죽음들이 여생을 어둡게 비추거나, 한때 자신이 누리던 약동하던 생명력이 어느 순간 일상을 정지시키기도 할 것이다. 그러나 어쩔 것인가. 이 세상만사가 고정된 것은 없지 않은가. 요는 마음먹기 나름 아닐까? 노인이 되어 수동적으로 죽음을 기다리는 병약한 존재로 남을 것인가, 아니면 지혜와 평정심을 가꾸어 세상에 휘둘리지 않으면서 인생의 정점에 자리하고 있는 존재로 살아가는 자세를 취할지는 선택의 문제일 것이다. 화두를 던진다.

## 인생의 노을

예순을 넘기면 여생이 짧아지기 시작함을 느끼게 된다. 이전의 시간은 정신적 원숙함이나 자아실현이라는 목적을 향해가는 방향성을 지닌 운동성이 있었다.

예순에서 노년기로 접어든다는 칠순 중반까지의 연령대는 신체적으로 건강하고 다른 연령층보다는 가진 것도 비교적 넉넉한 편인 시니어(senior)라 일컬어지는 세대다.

이 세대는 자녀들도 다 키웠고 가정이나 사회적으로도 안정되고 재정도 다소 여유가 있어 인생의 황금기를 누리는 세대다. 노년기에 접어드는 연령층에게는 그들 자신은 물론이지만, 사회적으로도 여러 가지 고려해야 할 요소들이 대두된다. 이 연령층에겐 종착점까지 삶의 가치를 누리며 살 수 있느냐의 여부와 더불어 건강과 복지 등 문제가 복합성을 띠게 된다.

오늘날의 노년 문제는 과거처럼 적은 수에 국한된 생존자들의 운명이 아니라 장수하는 연령층의 증가에 따른 인류 대다수의 미래 문제가 되었다. 2050년쯤 되면 지구에는 어린아이보다 노인의 인구가 두 배나 더 많을 것이란 예측도 있다. 그런 세상이 되면 노인이란 진짜 죽을 날이 얼마 남지 않은 사람들만 노인으로 취급되는 때도 올 것이며 세대 구분도 좀 더 세분되어야 할 필요가 있을 것이다.

노년기에 접어들면 스스로 남은 생을 헤아려 여생을 어떻게 잘 마무리할 것인가를 생각하게 된다. 그런 생각 끝에는 일상에서 후회되는 부분은 바로 수정해야 하고 잘하고 있는 부분은 잘 유지하도록 애써야 한다는 점을 새기게 마련이다. 이런 성찰을 할 수 있다는 점이 종착을 앞둔 노년기 연령층이 취할 수 있는 카운트다운의 이점이라 할 수 있다.

남겨진 나이를 의식하면 이런저런 작은 바람도 솟아나지만, 마음이 급해짐을 숨길 수 없다.

불시에 닥칠 병이나 사고로 갑자기 세상을 떠날지도 모른다는 데까지 생각이 미치면 마음이 더욱 급해지기 십상이다.

의학은 삶에 영향을 미치는 중요한 요소의 하나다. 그러나 의학이 아무리 발전한다 해도 미래의 불확실성이 과거보다 비극적이지 않으리라는 보장도 없으며 매일 매일의 덧없음을 상쇄해 주지도 않는다. 평균 수명이 길어진 것이 사실이라 해도 길어진 수명이 모든 개인에게 장수를 보장하는 것도 아니다.

이런 사실들은 다가올 미래를 좀 더 냉정히 탐색해야 할 필요를 일깨운다. 어떤 미래는 수동적으로 단순히 감당해야 할 세월이지만 또 다른 한편의 미래는 능동적인 의식 활동을 통하여 창조해야 할 세월이기도 하다. 노을은 하루의 끝이 아니라, 하루를 완성하는 빛임을 자각할 수 있어야 한다.

　그런 면을 살피면 다가올 미래는 노인들에게 새로운 의식과 태도를 요구한다. 어쩌다 보니 긴 수명을 누릴 수 있게 되었지만 '남은 세월에 뭘 하며 이 세월을 지내야 하나'라는 강렬한 의문을 지울 수 없다. 할 일은 얼추 다 했고 마지막 종결의 시간은 다가오는데 그래도 뭔가 해야 할 것 같은 생각이 뇌리에 감돈다. 여생의 끝에는 모든 짐을 내려놓을 수 있는 약속의 터전이 있으리라 여겨서 역설적으로 늙는다는 것이 위로라고 생각하기도 했다. 그런데 노인들은 늘어진 인간 수명 때문에 얻어진 이 새로운 만년의 세월을 누리면서 살고 싶어 하지만 세상은 이들의 소망을 쉽게 받아들이지 않고 있다.

　노인은 쉬기를 원하지만, 세상은 더 활동적으로 버티라고 한다. 더하여 추가로 얻어진 생명 연장의 날들에도 수확이 있어야 한다고 여기는 게 아닌가.

　빅토르 위고는 '인간에게 가장 무거운 짐은 정말 사는 것 같지도 않은데 사는 것'이라 했다.

　노인들 처지에서는 겪어보지 못한 생의 종착이 유예되는 것이 흥미롭기는 하지만 불안함도 느끼게 된다. 평균 수명이 길어지면서 이때까지 살아온 삶의 양태도 다양하게 변화를 요구받는다. 세대가 다르면 사회적 가치 인식도 다르고 역사에 대한 평가와 생활상에 대해서도 다른 기억과 기준을 지닌다.

　서로 다른 세대가 함께 산다는 것은 유익한 점도 있지만 불편도 따른다. 과거의 사람들인 늙은 연령층과 스마트 폰과 태블릿 PC를 끼고 첨단기술을 누리며 살아가는 요즘의 세대가 공존하고 있다. 서로 다른 연대기들이 충돌하고 저항하며 저마다의 기준을 내세우는 까닭에 혼란스럽기도 하다. 손자와의 대화에는 사용 언어조차 서로가 다르니 말을 나누는 소통의 어려움을 넘어 노인들은 손자들이 쓰는 축약된 단어들에 청맹과니가 되어버린다.

부모 세대에는 은총과 몰락의 관계가 애매하게 공존한다. 희망했던 모습이 되어 있을 수도 있고, 지금처럼 계속 그렇게 살아서 잊히는 세대가 되어버리든지 또는 새로운 자기를 재창조해야 할 수도 있다. 선택은 자유지만 만만하지 않다는 것도 분명한 사실이다.

이제 초읽기에 들어선 나이가 되고 보니 모든 것은 한정되어 있고 선택지는 줄어들었다.

몸에는 여러 곳에 손본 곳이 많다. 고장이 났었지만, 가까스로 수리해서 다음 고장이 날 때까지 몰고 다니는 근사한 구형세단 같은 신세다. 건강에 대한 환상도 무너질 때가 올 것이다.

괴테는 '늙는다는 것은 서서히 보이지 않게 물러나는 것'이라 했다. 노년의 시간에는 평정심을 지녀야 하고, 군더더기는 걸러져서 본질만 남게 되며 신체의 수분도 빠지게 될 것이다.

마지막에 이를 때까지 남겨 지녀야 할 것은 정신의 위대함과 영혼의 아름다움이라 했다.

행복한 노년의 비결은 무엇일까?

좋아하는 일, 할 수 있는 일을 되도록 늦게까지 할 수 있다면 좋겠다. 사랑하고, 일하고, 여행하며, 타인에게 마음을 열어두며, 흔들림이 없이 지낼 수 있기를 바란다면 과욕일까? 어려운 일이긴 하지만 삶의 마지막 길에서는 얼룩지는 후회의 일들에 붙들리지 않은 채 떠나고 싶다.

 인생의 노을이 평온했으면 좋겠다는 바람은 노인들이 지니는 공통의 화두다. 두 가지 지혜 속에 갈등은 있을 것이다. 유감스러워도 불가피한 것에 동의해야 하는 순응과 가능한 것들을 기쁘게 받아들이는 포용, 그 둘 사이를 오고 가면서 내 인생에 손을 흔들며 떠나가는 날을 맞게 되리라.

- 정목일 선생 산수(傘壽)기념 헌정수필집 『나무와 해』 (2024.)

## 노을에 비치는 회상의 물결

지금 시대는 어른이라도 누구나 겉모양을 젊게 꾸며내려고 안간힘을 쓰고 있다.

노숙한 이들이 청바지를 입거나 머리를 기르는 등 나이를 가늠할 수 없게 하는 차림을 즐기고, 여성들은 모녀가 같은 의상 차림으로 나들이하는 예도 많아 옷차림으로는 세대 차이를 구별하기가 어려운 세태다. 옛날에는 이 세대나 저 세대나 어르신처럼 살았지만, 오늘날엔 어르신이 애들처럼 살고 싶어 하는 듯하다.

60~70대의 섹시한 늙은 젊은이도 많이 보인다. 배낭을 메고 스틱을 지닌 채 에베레스트를 정복할 차림이나 의욕으로 산행을 즐기려는 나이 든 어르신을 많이 볼 수 있다.

세대 착오는 때때로 희극적이긴 하지만 징후를 나타내기도 한다.

요즘은 정장을 잘 차려입지도 않지만, 몸에 딱 붙는 정장으로 멋을 낸 젊은이가 있는가 하면 반바지 차림으로 쏘다니는 머리 희끗희끗한 늙은 개구쟁이들도 있다. 수년 사이에 가치 기준도 많이 바뀌었다. 시대가 거꾸로 흐르는 듯해서 여러모로 당황스럽기도 하다.

플라톤은 지식의 단계도 나이를 따라간다고 보아 쉰 살은 넘어야

선(善)을 관조할 수 있다고 했다. 오직 연장자만이 바른 생각[正念]이란 문제에 혼란을 주지 않고 시민을 고양된 수준으로 이끌 수 있다고 주장했다. 그러나 이런 주제에 대한 시선이 많이 달라져서 젊은이들의 사고와 행동 양식이 사회의 주류가 되었으며 그들의 요구가 확장된 것을 부정할 수 없는 세상이다.

인간이란 동물은 한 30세까지는 자기는 늙지도 않고 천년만년 살 것처럼 여긴다. 젊은이 중에는 그들이 누리는 특권을 영원히 지속시키고자 하는 의도를 내비치는 이들도 있어 보인다. 그러나 이런 부류의 젊은이들도 세월이 지나서야 세월의 의미를 알게 될 것이다.

청춘 예찬은 승리하면서도 패배한다. 젊음의 권리를 요구하는 자들도 나이를 먹으면서 매일 조금씩 그 자격을 잃게 되고 한 시대에 저항한 자들도 다음 세대가 오면 구닥다리가 되고 만다는 것도 알게 될 것이다. 젊음을 상징하며 추종하던 베이비 붐 세대도 결국은 70~80대가 된다. 세월이 흐를수록 짝퉁 젊음은 가짜 태가 확연히 드러나게 마련이라는 것도 알게 될 것이다. 30을 넘으면 머지않아 50대가 올 것이고 이어서 다음 연령대로 이어지게 된다. 늙는다는 것은 달력 속으로 편입되는 것이며 지나간 시대의 사람이 되는 것이다. 이 사실은 늙은이들이 젊은 세대를 겪으며 보낸 세월의 체험이며 나이를 받아들인 체념의 경험이기도 하다.

세월을 공감하게 하는 나이는 세월을 비극적으로 여기게 한다. 늙음으로 치환되는 공통의 조건에 한데 묶이는 휘둘리는 신세가 되고 보니 때때로 서글픔을 느끼게 된다.

나이 들었다고 해서 자신이 꼭 통념의 그 나이인 것은 아니라는 주장에 웃지를 마시라.

주민증에 기재된 나이와 스스로 느끼는 나이 사이에는 간극도 있는 법이고 요즘에는 그 틈을 더 크게 느낀다. 실생활에서도 이런 예측된 사고방식에 휘둘려지는 경우를 종종 접하게 된다.

사람들은 인생을 자기 뜻대로 여러 번 살고자 한다. 나이 먹는다고 철이 더 드는 것도 아니지만 무너지지도 않기 때문에 나이가 삶을 규정하지는 않는다는 데 동의하게 된다.

나이를 먹어 가면 다들 자기 나이로 보이는지 아닌지에 둔감해지는 듯하다. 나이는 수많은 변수 중의 하나일 뿐이라는 데 맞장구를 치는 사람이 많다. 연령에 따른 조건이나 제약에 대해 흔히 매겨지던 사회적 규정도 여기저기에 금이 갔다. 나이별 세대의 정체성도 유동적으로 많이 바뀌었다. 나 자신이 너무 큰 숫자를 지닌 나이가 되었지만 기죽지 않고 컴퓨터의 마우스라도 마음대로 옮기고 싶다.

이제 막 60~70대 무리에 합류되는 이들이 그 무리의 관습에 저항하는 모습도 보인다.

나이는 우리가 기꺼이 따르는 협약 같은 것이다. 나이가 사람들의 역할과 입장을 다르게 갈라놓긴 하지만 수명이 연장되면서 상황이 많이 바뀌었다. 오늘날엔 세상이 규정하는 단순한 나이의 한계성을 벗어나 성숙함과 노년 사이에 새로운 삶의 기술을 만들어 내고 싶어 하는 사람들이 너무도 많다.

인생의 시간은 길어졌는데 뭇사람들을 묶어서 늙은이들이라고 함께 치부해 버린다면 섭섭함이 따르고 아직은 남아있는 작은 욕구들을 굳이 숨기고 싶지도 않다.

이즈음엔 인간 조건의 중대한 문제들이 마음에 더욱 새롭게 부상한다.

언제까지 살고 싶은가? 치열하게 살아갈 마음의 준비는 되어 있는가? 다시 도전해 볼 테마라도 있는가? 존재의 피로, 황혼의 우울을 피할 수 있는가? 기쁨과 슬픔을 어떻게 감당하며 지낼 것인가? 회한이나 싫증을 느끼게도 될 터인데 어떻게 여생을 잘 흘러가게 할 수 있을까! 인생의 계절은 늦가을인데 새봄에 피어나는 들꽃을 꿈꾸는 자신은 정상인가 아닌가? 끝없는 독백의 질문을 자신에게 던지고 있다.

늙는 것이야말로 인간이 유일하게 찾아낸 오래 사는 법이라는 말도 있다. 사회가 통념으로 인식하는 최후 시한이나 생리적으로 담당할 수 있는 최후를 아예 무시할 수는 없다. 하지만 아쉬움을 줄일 수 있는 이리저리 돌아갈 좁은 여지의 공간은 있지 싶다.

어쩌면 선택지가 여럿 있기에 도리어 정신을 가다듬기가 어렵다. 그러기에 망설임에 좀 더 너그러워질 수 있음은 팔순을 바라보는 나이가 누릴 수 있는 은총이다.

무거운 것은 내려놓고, 복잡한 것은 버리고 단순한 것을 택하며, 비용이 많이 드는 것은 줄여야겠고, 고뇌하기보다는 즐거움을 안겨

주는 것을 선택함이 타당하다.

이런저런 생각으로 만년의 독백을 할 수 있다는 것도 건강하고 행복한 시간이다.

오늘따라 서쪽 하늘빛이 곱다. 노을에 비치는 회상의 물결이 가슴에 가득하다.

- 『한국수필』(2022. 12월호)

## 마지막 준비

신문의 부고란을 보게 되면 기분이 참 묘해진다.

가끔은 누군가가 실수로 내 이름을 그 안에 집어넣을 수도 있을 것 같은 착각에 빠질 때도 있다. 언젠가는 나 자신은 모른 채 식솔에 의해 내 이름이 그 지면에 실릴 때가 있을 것이다.

또 누가 떠났구나. 섭섭하게, 벌써 가버렸다니! 지금 가기에는 너무 아까운데….

지병이라도 있었던가. 마지막은 쉽게 넘겼을까! 장례 치르는 일은 미리 일러두었을까?

여러 가지 의문이 들게 마련이고 가까이 지낸 사람일수록 의문과 질문은 많아지고 안타까운 마음이 더욱 크게 느껴진다. 인간은 누구나 죽을 수밖에 없는 존재지만 그래도 '아직은' 살아있음이 '너무 이르게' 떠난 사람보다는 훨씬 나은 것이 아닐까.

남의 일은 다 관대하고 부럽기조차 한 법이다. 상주는 불행으로 느끼며 안타깝게 여기는 죽음조차도 조문객은 그래도 운이 좋아서 그렇게 갔다고 말할 때도 있다. 그런 면에서 문상객들에겐 장례식장의 식사 자리가 재충전의 자리가 되기도 한다. 산 사람들은 그곳에서 술잔을 부딪치며 먹고 마시면서 죽음의 신을 쫓아낸다. 충격에 빠진 사람들조차 고인과 동행하는 영령들이 모여 살아 있는 자들을 보호하여 꿋꿋이 살며 버티게 해주리라 자위하기도 한다. 그렇다해도 지금까지 살아있다는 조심스러운 자부심마저 다음 차례가 자신이 될지도 모른다는 생각 앞에서는 여지없이 내려지게 마련이다.

조문 후에 나누는 식사 자리에서 살아 있는 자는 떠난 사람을 위해 그의 증언자이거나 대변인이 되기도 한다. 망자는 우리 가슴속에, 우리의 대화 속에, 우리의 추억 속에 산 사람이 되어 기억된다. 우리가 그에 대해 말할 때 그는 우리 속에 소생하여 친구요 가족이 되며, 그 망자는 우리가 이생을 떠날 때까지 결코 우리를 떠나지 않는다.

죽을 날이 가까워지면 우리에겐 또 하나 해야 할 일이 있다.

생물학적인 생존 여부와 그에 따른 의학적 규정들이 받들어야 할 가치인지 회의를 느끼게도 된다. 확실한 퇴장을 위해서는 윤리적이거나 의학적인 결정을 미리 마무리해 두어야 할 필요가 있다. 인간이 끝까지 유지할 수 있는 자유의지와 운동능력을 잃게 되어 다른 이들과 더불어 세상을 함께 사는 능력이 상실되었다면 떠날 때가 되었음을 알아차려야 한다.

모든 세대는 한세상의 역할을 감당한 후라면 다음 세대에게 자리를 내어주는 것이 마땅하다. 한 세대는 이전부터 있어 왔고 이후에도 있게 마련인 길고 긴 세월의 연결고리임에 만족해야 한다. 죽음은 하루도 쉬는 날이 없이 우리의 생명 활동 과정을 부식시키는 냉혹한 법칙으로 다가온다. 죽음은 협상할 수 있는 상대도 아니며 우리가 한 줌 흙으로 돌아갈 때까지 하루도 멈춤 없이 진격해 오는 정복자다.

프루스트는 "존재한다는 것은 우리 생이 지속하는 동안 파편적이고 연속적으로 일어나는 죽음들에 저항하는 것"이라고 했다. 어느 해부학자는 생은 죽음에 저항하는 힘들의 총체라고도 말했다. 장수라는 인간의 꿈을 실현하고자 무병장수에 대한 예언자들은 수 세기 동안 오만가지 방법을 시도해 보았다. 그러나 이 모든 방법도 100세의 수명을 보장하고 있지는 않다.

요즈음은 별의별 건강식과 약재를 먹으며 건강을 지키려고 애쓰는 사람이 너무도 많다. 이들에게는 죽지 않으려고 몸부림치다 도리어 인간답게 사는 방법마저 잊어버리는 게 아닐까라는 의문이 들기도 한다. 의학 발전을 부정하지는 않지만, 실효가 의심스러운 신체 조직의 성형이나 보존 등 갖은 묘법을 동원해서 얻어진 시간 연장으로 무엇을 이루어 낼 것인가라는 질문에 어떤 답을 들을 수 있을까?

70대부터는 또 다른 세월의 명령을 몸으로 느낄 때가 오고, 마지막이라는 때가 기어이 오고야 말 것임도 알아차리게 된다. 나이 들면 병마가 우리 주위를 서성인다. 원하든 원치 않든 죽음이 다가온다는 것은 어찌할 수 없는 사실이며 종교와 철학이 아무리 너그러움을 발휘한들 죽음의 공포를 가리지 못한다는 사실도 알게 된다. 우리는 지혜롭든 그렇지 않든 질병이나 뜻밖의 사고나 불가피한 죽음에 발목을 잡히고 만다. 병에 걸리면 심한 경우 병이 우리를 빼앗아 가기도 하기에 질병을 신이 보내는 신호라고도 했다.

큰 병을 앓아 본 사람은 안다. 질병에 걸리면 겸손을 배우게도 된다. 질병의 고통을 극복만 한다면 세상 물정을 깨우치는 계기가 될 수도 있다. 질병의 고통이 닥쳤다면 스스로 위안의 마음을 가져 전능자의 의지가 나의 신체에 임했다고 생각을 바꾸면 질병 회복에 힘을 얻게 될 수도 있을 것이다. 아픔을 참고 견디면 조물주와 다시 가까워질 수도 있다고 했다. 병고를 겪고 회복하면 시련을 준 신에게 감사함을 갖게 되지 싶다. 오래 산다는 것은 많은 이를 먼저 보내는 것이라고도 했다. 우리에게 허락된 것은 찰나의 영원뿐이다. 아무튼 가장 고통스럽다는 죽음이란 시련을 세상의 섭리로 받아들일 수 있어야 하겠다.

오래도록 살고 싶은 사람이 있고, 인생을 제대로 가치 있게 살고 싶어 하는 사람도 있다.

그러나 대다수는 양쪽을 다 원하는 듯하다. 질기게 오래 살아 남고 싶은 끈덕진 욕망은 상당한 절제를 요구하는 데도 보편성을 띤 가치로 여겨지기도 한다. 치열함인가, 버티기인가! 무미건조한 삶의 연장인가 아니면 진짜 부딪히고 느끼면서 사람답게 사는 충만의 시간을 누리고자 함인가? 선택이 쉽지 않은 문제가 내재되어 있음이 사실이다. 우리는 언젠가 무대에서 퇴장할 것이고 남은 자들은 우리 없이도 변함없이 세상살이를 계속할 것이다.

우리는 떠나겠지만 우리를 감싸고 있던 모든 것들은 남은 자에 의해 기억되거나 회자하며 자손을 통해서 영속되기도 할 것이다. 남겨진 사랑, 우정, 열정, 참여, 선행들이 잊히지 않아 그들의 대화 속에 기억으로 남을 것이다.

사랑하는 동안, 창조하는 동안 우리는 불멸이다. 생이 언젠가는 우리를 떠난다는 사실을 받아들이면서 다른 세대에게 잔잔한 기쁨을 줄 수 있도록 충분히 생을 사랑해야 한다. 남아 있는 모든 기력과 정신을 가다듬어 가능한 한 의연하게 세상과 작별할 마지막 준비를 하는 것이 현명하다. 죽음이란 사실, 다가올 그 순명에 대비하여 깊이 생각해 보고 정신 수련에 힘쓴다면 실제로 그 일이 닥쳐와도 크게 당황하지 않으리라 여긴다. 마지막을 상상도 해 보고 그런 상황을 가정해 보며 가슴을 여미는 것은 좀 더 그 마지막을 잘 준비하는 일일 것이다.

- 『좋은 수필』(2023. 2월호)

# 노인의 특혜

노년을 맞는다는 것은 보람된 결실이며 찬사를 받아 마땅하다.
인간은 자연 속에서 삶을 영위하며 자연이 부여하는 커다란 은총을 받으면서 살아가고 있다. 사람들은 누구나 젊은 시절의 인생 드라마를 훌륭하게 구성해 왔다. 그러기에 어쩔 수 없이 맞게 되는 마지막 노년의 세월도 소홀히 연출된 서투른 장(章)이 되리라고 믿기 어려워한다. 인간은 사고든 질병이든 혹은 알 수 없는 어떤 이유로 인해 언제 어느 때나 떠날 수 있다.
그렇다 해도 누구나 자기만큼은 자연스레 늙어서 수명을 다 채우고자 하는 염원이 있기에 노후대책을 마련하느라 분주한 사람도 많다.

인생의 길에는 어쩔 수 없이 종결이 있어야 하고 그것은 마치 나무 열매나 대지의 곡식이 제대로 익은 뒤에 꼭지가 떨어지는 것과 같다. 인생의 행로는 정해져 있다. 자연스러운 숙명의 길은 하나뿐이며 그 길은 단 한 번만 가게 되어 있다. 지혜로운 사람이라면 그 종결을 담담하게 받아들일 것이며 자연의 순리에 대항한다는 것은 신들에 맞서는 일이기에 결코 이길 수도 없음을 알아차릴 것이다.

'인생길의 단계에는 고유한 특징이 있다. 소년은 약하고 청년은 저돌적이며 장년은 위엄이 있고 노년은 원숙하다. 이 특징들은 그 연륜들이 되어야 거둘 수 있는 자연스러운 결실이다.' (키케로 작 '노년에 대하여' 제10장)

    인생이 고해라고 말들 하지만 사람들 대부분은 늙도록 오래 살고 싶어 한다. 인생이 고해라면서도 오래 살고 싶다는 것은 모순에 빠져 사는 것이 아닐까? 마치 음식이 자기 입에 맞지 않는다면서 더 먹으려 하는 것과 다름이 아닐 것이다.
    살아 있을 때는 죽음을 경험할 수 없고 죽으면 죽음을 경험한 사람으로 존재하지 않는다.
    노년이 두렵다고 말하는 사람들이 있다. 이 사람들을 향해 자신 있게 반론을 제기할 사람이 있을까. 세월의 흐름 따라 가혹한 역경이 우리 육신을 후려쳐서 사지(四肢)는 허약해져 지탱할 힘을 잃게 되고 판단력도 흐려져서 정신을 잃고 헤매게도 된다. '노년이 두려운 것은 쇠퇴나 허약과 결핍을 의미하기 때문'이라고 고대 로마의 어느 사상가가 일갈했다.
    그러나 노년은 이미 많은 특혜를 지녔다고 변호하는 사람도 있다. 육체적 활력은 잘만 관리하면 노년에도 크게 떨어지지 않으며 육체적 활력이 없다고 해도 노인이 잘 해낼 수 있는 여러 활동이 있다고 주장한다. '계획과 명망과 판단력'이 필요한 공부, 교육, 상담 같은 일들에 대해서는 한가해진 노인들이 더욱 집중할 수 있다고 말하는 이도 있다.

　삶의 이점(利點)이란 무엇인가. 삶이란 오히려 노고(勞苦) 아닌가? 청년들에겐 힘이 넘쳐 나지만 그 에너지를 소진하며 살아야 하는 고된 여정이 도사리고 있다. 노인은 바로 그런 노고로부터 해방된 것이다. 사람들이 젊음을 동경하는 이유는 그 시절 특유의 활력과 감각적인 쾌락을 염두에 두고 있기 때문일 것이다. 반면에 활력과 쾌락이 오히려 족쇄일 수 있는 까닭은 존재하는 욕망을 채우기가 쉽지 않으며, 채우지 못할 때가 더 많기 때문이다. 노인이 되면 열정 자체가 줄어들기 때문에 쾌락을 그다지 원하지 않게 되며 아쉬움도 크지 않기에 욕망의 족쇄로부터 해방될 수 있는 것이다.

　젊은이들은 성취를 원하지만, 노인은 청년들이 원하는 것들을 이미 얻은 상태다. 그리고 오래 살고 있기에 장수를 원하는 보편적 욕망도 성취하였고 오랜 시간에 걸쳐 쌓아온 명망이나 권위 같은 것도 누리고 있다.

　또 하나 노인들만이 누릴 수 있는 특권이 있다. 잘 살아내었다는 기억이 그것이다. 반면에 젊은이들은 이런 성취와 행복의 즐거움을 누리기엔 연륜이 부족하다. 행복에 대한 기억도 행복일 수 있다면 젊은이들은 행복한 삶에 대한 기억을 젊은 시절부터 축적하면서 살아야 하고 그 축적은 후일에 보람을 안겨줄 것이다.

　노인이 칭송받는 데는 전제가 있으며 모든 노인이 칭송의 대상이 되는 것도 아니다. 젊었을 때부터 칭송받을 수 있는 삶의 태도를 튼튼히 다져놓은 사람만이 그 대상임을 명심해야 한다. 건강한 노년은 젊은 시절부터 건강관리를 잘해 온 사람이고 노년에 독서를 즐기려면 젊은 시절부터 독서 습관을 익혀야 한다. 노인이 지닌 권위와 자세는 젊은 시절부터 쌓아온 지식과 미덕에 기초한다. 멋진 추억을 지닌 노년은 젊은 시절부터 멋지게 살아 본 경험을 축적해 온 사람이다.

노인이 되어도 퇴행하지 않으며 퇴행을 보완할 수 있다고 역설하는 사람도 있다. 하지만 늙으면 퇴행하게 마련이며 퇴행하지 않을 수 없다는 사실을 받아들여야 한다. 이런 전제를 수긍한다면 퇴행 자체를 오히려 적극적으로 즐길 필요가 있지 않을까. 노인만이 지닐 수 있는 특유의 즐거움을 적극적으로 찾아 누려야 한다. 회상을 통해 자신이 이미 성취한 바를 재생하듯 다시 성취하려는 자세를 가져보는 것은 어떨까.

아름다운 추억은 그 자체만으로도 생을 미화하고 행복감에 젖게 할 것이다. 아내와 결혼해 평생 함께 생활해 온 행복감, 이미 얻어진 학위에 대한 자부심, 젊은 시절 잘 나갈 때의 그 직분이나 직위에 대한 성취감에 젖어 보며, 예쁜 손자 손녀가 오늘 태어난 듯이 환호도 질러보면 어떨까. 허허! 이 모든 것은 이미 이루어져 있는데…. 이루어져 있는 것을 다시 소원이라며 빌기도 한다면 연로한 마님으로부터 핀잔을 들을 것이다.

"아니 이 양반이 드디어 치매 증상이 나타났어?"

그럴지언정 좋은 시절의 회상에 대한 쏠쏠한 즐거움이 줄을 이을 것이다.

## 여생의 태도

 사람이 나이 든다는 것은 흘러가는 세월에 조금씩 잠식당하는 것이다. 젊은 날의 활력은 어느새 추억이 되고 만다. 어떤 사람도 밀려나는 썰물을 잡을 수는 없다. 시간을 되돌릴 방법도 없는데 건강과 기력마저 흐트러진다면 할 수 있는 일은 무엇일까?
 나이 들면서 병마에 휩쓸리거나 고질병이라도 있다면 나이 든 사람이 취할 수 있는 최선의 태도는 의젓하게 운명을 받아들이는 일 밖에 무엇이 있겠느냐고 반문하기도 한다.
 세월의 흐름에 맞설 수 없다는 인식은 마음과 몸의 상관관계를 깊이 생각하게 한다. 마음이 참으로 건강한 곳에 머물 수 있다면 당연히 몸도 따라가리라는 생각에 동의하느냐에 맞닥뜨리게 된다. 아울러 마음을 긍정적으로 변화시켜서 몸도 건강하게 따라가도록 이끌어 보자는 선택의 문제도 대두된다.

 물질이 아닌 정신에서 물질적인 육체로 이어지는 연결고리의 본질은 무엇일까?
 일상에서도 몸과 마음의 연결성을 체험하는 여러 사례를 볼 수 있다. 마음을 다스려 몸을 따르게 하는 선택의 과정은 의식을 집중하게 한다. 이런 변화를 어렵게 만드는 것은 신체가 아니라 신체의 한계에만 더 주목하는 사고방식의 문제일 수 있다.

사회 전체가 건강에 대하여 많은 관심을 보인다. 사람들은 수많은 건강 관련 기사나 TV 프로그램에 매몰되어 건강 유지 방법과 체력 단련에 집착한다. 그러나 그런 현상들을 유심히 들여다보면 진정으로 건강에 적합하게 겨냥되어 있느냐 하는 문제에 회의감이 들 때도 있다.

때로는 건강을 위해 추구하는 동기나 행동이 오히려 건강에 방해가 되는 일도 있어 보인다. 잡다한 정보에 치우쳐 스스로 건강에 대한 한계를 설정하기보다 좀 더 진중한 자세로 접근할 필요가 있지 싶다. 우리를 위축시키는 사고방식과 스스로 설정한 건강과 행복의 한계로부터 자유로워진 다음에 자신을 챙기는 수호자가 되는 것이 더욱 타당할 것이다.

태도가 긍정의 효과를 가져올 수 있다는 점은 중요하다. 긍정적인 태도를 보이는 데는 노인들이 젊은이들보다 오히려 우월하다고 여기는 견해도 있다. 긍정적인 태도는 노인들을 더 행복하게 만들고 건강에도 바람직한 영향을 미친다고 한다.

암으로 진단된 사람은 엄청난 변화를 겪으며 그때부터 이전의 자기 정체성을 잃고는 '암 환자'가 되어 온갖 부정적 요소들에 갇혀 몸을 사리게 된다. 암 진단으로 정체성을 잠식당하는 사람이 있는 반면에 어떤 이는 자신의 정체성에 암을 추가하며 극복의 자세를 취하기도 한다. 이런 양면성을 고려하면 삶의 질을 결정하는 가장 중요한 요소는 자신의 정체성과 질병에 대한 인식의 차이라는 점을 주목하게 된다.

사람들 대부분은 노년기에 접어들면 쇠약해진 기력과 통증, 질병을 가장 많이 걱정하면서 노화의 자연스러운 과정인 쇠약함을 경험한다. 그러나 또 다른 많은 이들은 쇠약함을 노화의 과정으로 보지 않으며 인생의 말년도 여전히 건강을 유지할 수 있고, 심지어 성장 단계라고 주장하는 사람도 있다. 이 점은 노년에 대한 사람들의 사고방식 차이일 것이다.

노년에 대하여 부정적인 편견이 존재하는 것은 거의 절대적으로 받아들여지는 보편적인 통념이다. 노인들은 건망증이 있고 행동이 느리며 약하고 소심하며 자기 방식에 갇혀 있다고 생각하는 사람들이 많다. 나이가 많은 성인일수록 젊은이들보다 노인들에 대해 더욱 부정적 인식을 강하게 가지는 사례도 적지 않다.

나이와 관련된 편견은 노인을 대하는 방식에 아주 큰 영향을 미친다. 이 편견은 노인들 자신에게도 내면화되어 있어서 젊은이들과 어울리는 능력과 의지에 스스로 한계를 느끼기도 한다.

우리들 대부분은 어릴 때 조부모로부터 늙음의 의미를 인식하고 추측했다. 어린아이들에게는 '할머니와 할아버지'라는 말이 '늙은 사람'을 의미하며 대다수 성인에게도 이 말은 처음으로 늙었다는 개념을 접하게 하는 요인이기도 하다.

노인들에게 나이답게 행동하라는 명제는 부담스러운 의미를 함축한다.

    젊은이들은 노인들이 종종 주체성이나 책임감, 통제력을 잃고 어린아이처럼 행동하리라고 예측한다. 한마디로 어른들은 이제는 특정 나이를 넘겼기에 '노인처럼 행동하기' 시작할 것이라고 짐작하는 것이다. 이런 추측은 나이에 따라 인간이 취하는 행위는 대체로 개개인이 통제할 수 없다고 생각하기 때문이다. 젊은이들에겐 노인은 나이에 부응하는 예상 행동 양상에서 벗어날 수 없을 것이라는 인식이 그들에게 내재 되어 있기 때문이 아닐까? 이런 생각은 지나치게 기울어진 사고(思考)를 시사하며 끝내는 노인들에게 억압으로 작용할 가능성마저 잠재해 있으리라는 노파심을 지울 수 없다.

    노인들의 수행 능력이 어떤 기준에 미치지 못하면 사람들은 그 기준의 타당성에 의문은 품기보다는 예외 없이 노인들이 실패한 것으로 간주한다. 노인을 판단하는 사람들은 노인들도 그들과 동일한 가치관과 기준을 지녔으리라는 가정을 바탕으로 한다. 이 생각은 잘못된 판단이며 처음부터 오류에서 출발하는 것일 수 있다. 그런 전제라면 노인들은 늘 상투적이고 일관된 편견 속에 판단되어서 묻혀버리는 잘못에서 벗어날 수 없을 것이다.

    노화는 변화를 의미하지만 변화가 퇴화를 의미하지는 않는다. 노인 스스로가 육체적 쇠락을 당연한 현상으로만 여긴다면 그들에게 변화를 일으킬 수도 있는 별도의 의학적 관심은 외면되고 말 것이며 그래서 소외된 영역으로 밀쳐질 수밖에 없을 것이다.

노인들은 무의식으로 여러 잘못된 고정관념에 스스로 수긍하는 예도 많다. 이 태도는 쇠락을 스스로가 인정하며 부족함을 수용해 버리는 자세 때문이다. 노화에 대한 여러 부정적 고정관념에 압도당하지 않으려면 노인 스스로가 사고방식에 의문을 제기해야 한다.

노인들은 자신이 취한 행동과 태도를 육체적인 쇠락의 증거라고 스스로 해석해 버리는 데서 벗어나야 한다. 인생의 목표가 젊고 혈기 왕성했을 때의 시절로 돌아가는 것이 아니라 하더라도 삶의 마지막 날까지 의식을 잃지 않으려 애써야 하고 보다 적극적이고 긍정적인 태도로 살아가야 하는 것이 바람직하지 않을까.

인생의 매 순간을 의식하며 사는 삶, 그것은 분명 추구할 가치가 있으며 실제로 이루어 낼 가능성의 목표라고 다짐하고 살아가는 자세는 칭송받아 마땅하리라 여긴다.

여생에 대한 건강한 태도, 잃지 않는 자의식, 스스로 지니는 행복감이 노인의 지닐 마지막 태도라고 주창하고 싶다.

- 한국 수필가연대 『대표 수필선』 제28집, (2024년)

## 가을날의 약속

나뭇잎이 꽃이 되는 또 다른 봄, 가을 단풍이 절정이다.

저기 저기 저, 가을꽃 자리
초록이 지쳐 단풍 드는데--- (서정주「푸르른 날」)

숲은 무상함을 색(色)으로 말한다. 연둣빛 숲도, 녹음 짙은 숲도, 만산홍엽 가득한 가을 숲도 모두 정답고 아름답다.

항도(港都) 부산 출신의 동창들이 단풍이 절정인 청계산 옛길 코스에 오늘도 여느 때와 같이 산행길에 나섰다. 20여 년이 넘도록 일요일마다 청계산 산행을 해 왔다.

산에 가을이 짙어졌고 세월이 흘러 우리도 이제 초록이 지쳐 단풍들 듯 늦가을을 맞았다.

우리는 집을 나서며 친구들이랑 '같이' 산행한다고 말하며 손을 흔든다. 산행이 시작되면 모르는 길도 아니고, 낯선 길도 아니어서 산행 속도도 '같이' 맞추어 가며 오르내린다. 긴 세월을 '함께' 동행해 온 이 산행이 얼마나 즐겁고 좋은지, '같이'가 안겨 주는 이 기쁨의 가치를 가늠하기가 쉽지 않다. 고향을 떠나 살아온 세월이 나고 자랐던 그 기간보다 훨씬 길어졌어도 여전히 입술에 베인 사투리까지 변함없이 함께 지녔으니 더욱 정겨운 사이다.

'같이'는 '함께'와 '다름없이'라는 뜻을 가진 말이다. 주저함도 없으며 편안하고 안도(安堵)를 느끼게 하는 말이다. 자주 쓰고 있는 '같이'는 구개음화 현상 때문에 '가치'로 발음하게 된다. '같이'는 '가치'를 창출해 낸다. 우리가 나누는 '같이'에는 관계에서 비롯된 동반과 지속의 지향점이 담겨 있다. 하물며 동창들과 함께하는 '같이'이니 그 '가치'의 소중함은 더 말할 나위가 없다.

산행을 같이하는 가치는 생명 연장의 가치이고 공존의 가치이며 신뢰의 가치다. 오늘따라 더한 층 눈부시게 푸르른 날, 바람마저 선선하게 불어오니 소리 없이 스며드는 가을 서정에 잠겨보는 행복한 가을날이다. 그러나 이렇듯 즐겁고 행복한 날이 줄어들고 있다는 생각이 스치면 남은 세월에 비치는 비감을 숨길 수 없다.

세월이 더 흐르면 언젠가 '이제 끝인가 보다.'라고 되뇌며 청계산을 떠날 때도 닥칠 것이다. 서로가 그리운 사람이 되어 그 청춘 시절을, 그 영원할 줄 알았던 우리들을 서로 그리워하게 될 것이다. 머잖아 '함께'의 가치에 손을 흔들며 한 사람씩 한 사람씩 떠날 날이 다가오고 있다. 엄연한 현실이고 실존이며 거부할 수 없는 운명이다. 이 물리칠 수 없는 사실 앞에 애이불비(哀而不悲)의 심정을 숨길 수 없다. 어느 것 하나에 고정되어 있으면 변화가 마땅하지 않지만 고정되어 있지 않다면 모든 것을 순리대로 가볍게 받아들일 수 있을 것이다.

변화는 존재하는 것의 본질이다. 그런데도 변화를 쉽게 받아들이지 못하는 사람도 있다. 생각이 고정되어 있는지 영원히 젊기를 바라고 부자이길 바라고 건강하기를 바란다. 하지만 그렇게 되기가 쉽지는 않다. 불가능한 것을 가능해야 한다고 집착하는 것은 탐욕이다. 탐욕은 우리를 한 지점에 머물게 하며 그 순간부터 자유를 잃게 된다. 한 대상에 집착하면 세상의 모든 가치를 잃는데 빠져들게 된다. 제행무상(諸行無常)이라 세상의 모든 것은 변하기 마련이니 영원이라고 할 만한 것이 없다. 분별심을 버리고 변화를 받아들이는 자세가 행복을 안겨주리라 여긴다.

산행을 함께하는 동창들은 푹 익어진 친구들이고 도반(道伴)들이다. 도반이란 말은 언제 들어도 흐뭇하고 안심이 되는 말이다. 흔히 '불도(佛道)를 닦으면서 사귄 벗' 등으로 설명되지만 우리들에겐 그 이상의 의미가 있다. 그래서인지, 이 산행 모임에는 열 일 제쳐두고라도 동참하려는 자세를 지닌다. 곁에 서 있는 모습만으로도 함께 살아가는 길잡이로 여기고 서로가 격려와 성원을 아끼지 않는다. 도반이란 한마디에는 모든 것을 녹여낼 수 있는 포용력이 있다. 따뜻하고 덕행이 있어 바른길로 이끄는 벗들이기에 스스럼없이 선우(善友)라 일컫게 된다. 이렇듯 좋은 선우들도 산수(傘壽)를 맞았으니 언젠가는 떠날 날이 오리라 여기면 서글픔마저 느끼게 된다. 먼저 떠나는 친구는 형님으로 불릴 것이며 떠나면 소중함과 아쉬움에 우리는 슬픔에 잠길 것이다.

　숲이 신록에서 녹음으로, 단풍으로 이동하듯이 우리 역시 끊임없이 세월의 흐름에 묻혀 살아가고 있다. 삶에서 죽음으로 향하는 이동의 길 위에 얹혀 있다. 이것은 모든 존재의 본질이다. 삶에서 죽음으로 옮겨 가는 날, 우리의 모습은 의연할 수도 있고 두려움에 싸여 있을 수도 있을 것이다. 떠난 후의 다른 세상에서도 다시 모일 수 없을까? 한 친구가 제안했다. 혼자 외로이 구천을 헤매지 말고 이승에서 우리가 함께 산행하며 살았듯이 저승에서도 함께 만나자고 했다. 훗날의 만남을 약속만 하는 게 아니라 아예 저승에서 함께 살아갈 장소부터 정하자고 했다. 죽는 순간에 닥칠지 모를 두려움에서 벗어날 수도 있으리라 여겼다. 우리는 웃으며 동조했고 친구의 제안이 구체화 되었다. 살아생전 우리가 늘 다니던 산행길 가까이 그다지 높지 않은 곳, 양지바르고 산세(山勢)를 굽어볼 수 있는 자리를 정해두면 사후에도 그곳으로 다시 와 같이 머물자고 했다. 떠나는 날이 와도 먼저 간 친구가 기다리는 곳으로 가니 두렵지 않을 것이며 가서는 외롭지 않을 것이고 이 세상이나 저 세상에서나 함께 더불어 있을 것이니 영생하는 것이라고 위안했다. 가족들에게도 미리 자리를 알려 사후에 그곳으로 인도하게 하고 때때로 방문하면 친구 모두가 함께 반길 것이라고 일러두자 했다.

　아름다운 장소를 선택하고서는 모두가 기뻐했다. 모두가 평안함을 느끼는 듯했다. 땅으로 떨어짐으로써 삶이 끝나는 게 아니다. 흙과 섞임으로써 새로운 삶이 시작되는 것이다. 태어나 죽으면 흙이 되고 흙이 생명이라는 것을 함께 알자고 했다. 흙에 묻히는 것으로 끝이 아니다.

우리의 몸이 흙냄새와 어우러질 수 있어야 한다. 우리 함께 그 냄새를 향기롭게 만들기로 약속했다. 오늘이 어느 해 가을날의 약속으로 남을 것이다. 하늘이 더 푸르러졌고 단풍이 더 아름답게 빛나는 가을날이었다.

# 부부로 산다는 것

평생을 함께 산다는 것은 어쩌면 기적일지도 모른다.

다른 인격체가 만나 서로를 존중하며 이해하고 사랑하며 함께 살기로 약속한다며 예식장에서 두 손을 잡고 자신에게 다짐하며 하객들에게 선포한다. 부부가 되어 시작한 인생길에서 자녀도 두게 되고 때로는 만만치 않은 역경을 맞기도 하면서 생의 여로를 힘을 합쳐 헤쳐 나간다. 여러 위기에도 맞닥뜨리게 되지만 잘 참아내며 오랜 세월을 부부로 함께 살아가는 데는 아마도 나이를 먹으면서 두터워지는 너그러움의 지혜 때문이지 싶다.

여느 부부처럼 함께 산다는 것은 아주 흡족하진 않다고 해도 서로의 불완전한 모습마저도 너그럽게 받아들이는 수용의 마음을 지녀왔다는 의미일 것이다. 여기에는 신체적 기대보다는 정신적 동화가 더 크게 미치고 있음이 분명하다.

부부간의 모습은 밖으로 드러나는 꾸며진 위선의 치장보다 내면에 깃든 믿음과 신뢰, 서로가 나누는 따뜻한 정과 공감이 더욱 중요한 덕목일 것이다. 나이가 들면 드는 대로 나이 먹는 데서 발견할 수 있는 매력을 더 귀중히 여기는 사람은 칭송받아 마땅하다. 그러한 성향을 지닌 사람에게는 예사로운 일상에서도 고결함을 발견할 수 있다. 과거의 광휘와 아름다움을 기억하면서도 서로에게 밀려드는 쇠락까지를 긍정하면서 감미롭게 추억을 쌓아가는 사람이다. 영원이라는 의미를 잊지 않는 사람은 불완전한 상대에게 숨겨져 있는 매력을 살아가면서 새롭게 발견해 내는 사람이다. 이런 사람들은 푸석해지는 피부, 미세한 상처 뒤에 숨겨진 우아함과 흘러간 시간이 새겨 놓은 자국에 스며든 연륜의 아름다움도 발견해 낸다. 심미안에 거슬릴 수도 있는 흔적들마저도 도리어 연민으로 서로를 품을 수 있는 사람이다.

어느 사회나 황혼을 더욱 즐기는 사람들은 존재한다. 나이가 들었기에 지닐 수 있는 서로 간의 안정된 마음은 타인과의 비교도 두렵지 않으며 서로 따뜻한 위안을 나눌 수 있다. 마음과 생각이 넉넉해져서 상대가 지닌 작은 식견에도 찬사를 보내고 상대의 뜻을 존중하며, 따뜻한 대화를 나누며 감사할 줄 안다. 늙어가는 모습에도 아름다운 면이 있음을 알아차리고 나이가 얼굴을 볼품없게 변모시켜도 다른 원숙함에 긍정을 부여하는 지혜를 지닌다.

상대에게서 생의 마지막까지 큰 기쁨을 기대한다면 당연히 큰 슬픔도 떠안겠다는 뜻을 지녀야 할 것이며 따르는 고통마저 감내할 각오를 품고 살아야 함이 마땅하다.

오늘날 현실로 대두되고 있는 결혼 위기의 현상에는 인내의 결핍, 자기중심적 사고, 물질 충족을 우선시하는 경향 등이 영향을 미치고 있어 보인다. 이는 곧 사회의 안전성을 해치는 불안 요소가 되고 있다. 이런 모습들은 혼인 자체를 가볍게 여기고 인연마저 소홀히 여기는 세태의 흐름 탓이지 싶다.

결혼 생활의 위기는 늘어난 수명과도 관련이 있어 보인다. 과거처럼 평균수명이 50~60인 시대에는 20대에 결혼하면서 평생토록 배우자만 사랑하겠다고 서약하는 세월은 30년 정도였다. 평균수명이 증가한 오늘날은 이 서약이 족히 60년은 함께 살겠다는 약속의 의미가 되었다. 60세를 지나면 자식들은 대부분 성인이 되고 은퇴는 기정사실이 되므로 부부간에 새로운 지평이 열린다. 새로운 세상, 새로운 관계를 향해 떠나고 싶다는 바람이 생겨 이성이 흔들리는 사람이 한둘이 아닌 세태이기도 하다. 가부장적인 관습에 지쳐 보이는 사람들의 마음속을 깊이 알 수는 없지만, 황혼이혼, 졸혼 등 이런 말을 농담처럼 밖으로 잘 쏟아 내는 사람들도 있다. 진한 포옹이나 수줍은 애무는 문제 해결의 본질에서 벗어난 주제로 여기기도 한다.

핵심은 부부간에 나누는 행위가 아니라 서로 간에 나누어야 할 공감의 부재이며 상대에 대한 배려나 소통의 부족이 문제를 촉발한다. 의견을 나누지도 않은 채 말없이 마치 합의에 도달한 듯이 서로 간의 관계에 '포기'가 유지되는 모습은 안타까움을 넘어 슬픔을 자아낸다.

사랑은 타자의 존재를 기뻐하고 나 역시 살아 있기에 상대에게 매일 그 사실을 말해 주는 행위일 수 있다. 아울러 삶의 즐거움을 함께 누리면서 일상을 허무에서 건져내며 지지부진하고 자질구레한 삶의 모습도 서로의 노력과 배려로 가치 있게 바꿔 놓을 수 있다. 하루를 보내며 딱히 한 일이 없다고 해도 서로를 곁에 두고 하루 일들을 소재 삼아 대화를 이어가느냐 아니면 혼자 되씹고 있느냐는 완전히 다른 양상이다.

어느 때라도 자신에게 닥친 불행과 맞닥뜨린 어두운 현실을 따뜻하게 들어주는 이는 필요하다. 우리는 언제라도 다른 이의 슬픔을 경청하고 위로와 조언을 해줄 수 있는 사람이 될 수 있다. 부부간은 서로가 그런 관계를 유지하는 관계다. 좋고 선한 것을 공유하며 소소하게 마음을 써주는 자세가 물질로 안기는 선물보다 더 단단히 서로를 묶어줄 수 있다.

살다 보면 세상살이의 덧없음도 서로의 태도에 따라 따뜻한 감정을 일으켜 가슴을 열게 할 것이다. 사이좋은 커플은 우선 끊이지 않는 대화를 나누고 독서, 쇼핑, 여행, 사람들과의 친교 등을 함께 나눈다. 그렇다고 해도 각자의 영역은 있기 마련이다. 하지만 자기가 가장 소중히 여기고 애틋해 여기는 것, 가족, 아이들, 친구, 사랑 등 그런 귀하고 친밀한 관계를 외면하며 외롭고 쓸쓸히 혼자 무너져서는 안 된다. 가끔 느끼는 회의나 우울은 피할 수 없겠지만 그래도 그런 훈훈한 인간관계들이 안겨주는 사랑을 놓지는 말아야 할 것이며 이런 경우일수록 부부간의 격려 또한 필요한 일이다.

불꽃도 사그라질 때가 올 것이며 남아 있는 욕망 때문이 아니라 아무것도 썩 내키지 않는 시기도 닥칠 것이다. 몸의 경직은 마음의 경직을 예고한다. 감정에 휘둘리지 않고 아무것도 바라지 않기에 아무것도 두렵지 않으며 그저 지금으로 만족하는 존재가 되겠다는 생각에 잠길 수도 있다. 나이를 먹으며 감각은 무뎌졌고 다스려야 할 욕망도 사라진 지 오래라고 말하며 무기력하게 지내는 사람들도 있다. 그러나 그것은 안타깝게도 궁극의 극기가 될 수는 없으며 그저 아쉽고 밋밋하게 묘사되는 생의 끝일 뿐이라 여긴다. 비극은 사랑도 식고 작은 바람도 갖지 않은 채 우리 자신을 세상과 타인에게 연결해 주는 물길마저 고갈시키는 데 있다.

 욕심이 없다며 살아가는 의미마저 지우면서 선한 욕망마저 쉽게 버리는 것이 능사는 아닐 것이다. 존재는 존재하지 않은 것보다 귀하다. 생의 끝이 내려다보일 때일수록 부부는 서로 귀한 존재이며 서로가 애틋해하는 사이다. 함께 산다는 것은 말을 줄였다 해도 눈빛만으로도 서로 이해할 바를 알아차릴 수 있는 상대다. 영원을 생각하며 일상을 위로와 조언으로 서로를 감싸면서 감사함을 잃지 않아야 한다. 부부는 사랑이 충만한 마음으로 평생을 함께 걸어가고자 노력하는 동반자다.

- 선수필문학회 동인지 제9집 『산 하나 강 하나』(2023년)

## 우정에 대하여

사람들 사이에는 여러 인연이 맺어진다. 인연 중에서도 우정이 깃든 인연은 호감에서 그 모두를 능가한다. 우정의 가치는 지혜와 더불어 신이 인간에게 부여한 최고의 선물이다.

우정이란 선의와 호감을 곁들인 서로 간의 감정이 완전한 일치를 이루는 것을 의미한다. 이렇듯 감정의 일치를 바탕으로 하는 우정에는 선택의 문제가 따르며 한정적이기도 해서 두 사람 사이에만 또는 그보다 조금 많은 사람 사이에서만 이루어진다.

삶을 살아오며 맺어진 여러 인연 중에서도 우정으로 맺어진 인연은 어떤 인간사보다 소중히 그리고 우선으로 고려되어야 할 덕목으로 권고된다. 그 어떤 것도 우정만큼 자연스러운 것은 없으며 행복할 때나 불행할 때나 우정만큼 적절히 서로를 위해주는 것은 없기 때문이다.

우정의 본질은 이익 추구가 아니라 사랑이란 점에 모두가 동의할 것이다. 우정(Amicitia)이란 말은 사랑(Amor)에서 파생된 것으로 이 두 단어는 사랑하다(Amare)에서 유래되었다. 사랑이란 이해관계를 떠나 선의를 맺어가는 것이며 우정은 필요보다는 우리의 본성에 깃들어 있는 사랑의 감정이 합쳐져 이루는 서로 간의 호감에서 비롯되는 것이다.

사람들 마음속에는 참된 우정에 대한 갈망이 곁들어져 있어서 타인의 미덕(美德)을 보게 되면 우정의 감정이 눈을 뜨게 된다. 미덕보다 더 사랑스러운 호감을 유발하는 것은 없으며 우정은 미덕을 바탕으로 쌓이고 미덕에 의해서만 유지될 수 있다. 사람들은 미덕을 최고선(最高善)으로 여기는데 이 미덕이 우정을 낳고 우정을 지켜 준다는 의미다.

우정의 핵심은 신뢰와 안정과 조화인데 이 모두는 다 미덕에서 비롯되는 것이며 우정은 미덕 없이는 어떤 경우에도 존재할 수 없는 덕목이다. 더하여 우정을 쌓아 가는 데는 서르의 취향과 생에 대한 가치와 목표, 여러 면에서의 의견 일치가 우정의 요체로 작용하게 된다.

우정은 선(善)한 사람들을 함께 묶어주는 덕목이다.

지혜롭지 않으면 누구도 선할 수 없다고 주장하는 사람들도 있다. 그런 태도는 매우 섬세하고 논리적으로는 옳을지 몰라도 사회생활에는 큰 도움이 되지 않아 보인다. 선한 사람에 관한 판단은 이론적이고 가상스러운 기준에 의존하기보다는 일상생활의 경험으로 판단되는 것이 더욱 타당할 수 있으며 평범한 상식 수준에서 이해되어야 하리라 여긴다. 일상의 행동과 생활을 통해서 성실하며 정직하고 공정과 아량을 보여 주는 사람이 선한 사람으로 여겨질 것이며 탐욕과 방종, 인색과 파렴치한 군상들은 선한 사람들의 대열에서 외면되고 말 것이다.

　우리가 우정을 바람직하게 여기는 소이연은 물질적인 이익을 바라서가 아니라 우정 자체가 충분한 이익이기 때문이다. 이익을 우정의 접착제로 여긴다면 이익이 사라지면 필연적으로 우정도 풀어지고 말 것이다. 성실한 생을 가꾸는 사람들 사이에서는 우정은 서로가 기댈 수 있는 커다란 언덕이 된다. 세속적 의미로 부(富)는 소비하는데, 권세는 존경받는데, 관직은 명망을 얻는데, 쾌락은 즐기는데, 건강은 신체적 기능을 수행하는 역할로 각각 단편적 목적에만 이바지하지만, 우정은 여러 목적에 부응한다. 그러므로 우정은 어떤 장벽으로 막을 수가 없으며 결코 시기를 조절하거나, 거추장스러울 필요가 없다. 우정은 생활필수품인 물과 불 못지않게 언제나 필요한 덕목이다. 그렇다 해도 우정을 단지 즐겁고 유익한 것이라고만 여겨서 평범하고 상식적인 선에서만 머물게 한다면 그 가치를 저버리게 된다. 상식선의 우정을 넘어 바람직한 모습으로 회자하는 진실하며 부족함이 없는 우정의 관계로 승화되는 것이 바람직하다.

　친구 사이에 서로가 선의를 바탕으로 한 안식을 얻지 못한다면 삶이 어떻게 살만한 가치가 있을까? 툭 터놓고 무엇이든 더불어 말할 수 있는 누군가가 있다는 것은 든든하고도 행복한 일이다. 번영을 누리게 되었을 때 자신보다 더 기뻐해 줄 사람이 없다면 어떻게 그 번영을 마음껏 누릴 수 있으며, 닥친 불운에 자신보다 더 괴로워해 줄 사람이 없다면 어떻게 그 고난을 견디며 헤쳐 나갈 수 있겠는가.

　우정은 행운을 더 빛나게 하고 불운은 분담함으로써 더 가볍게

해 줄 것이다.

우정은 미래를 향해 밝은 빛을 투사하며 영혼이 흐려지거나 혼탁해지지 않게 이끈다. 참된 친구를 바라보는 사람은 자신의 상(像)을 보고 있는 것과 다름없다.

생이 다할 때까지 우정을 지속시키기는 참으로 어려운 일이다. 돌발 사건으로 우정이 더 이상 서로에게 도움이 되지 않는다고 여길 수도 있고, 서로가 어떤 사건 또는 정치적인 상황에 대해 견해를 달리할 수도 있을 것이다. 때로는 역경에 의해, 또는 무거워지는 노년의 짐에 부대끼어 사람의 성격도 변할 수 있기 때문이다.

친구 사이에는 옳지 못한 것은 요구하지 말아야 한다. 항상 돕겠다는 열성으로 옳은 것만 행하되 친구가 부탁해 오기를 기다리지 말며 부탁받았다면 꾸물대지 않아야 한다. 충고하는 경우엔 친구로서 솔직히 또 필요에 따라 따끔하게 충고하되 거친 표현은 삼가야 한다. 충고를 들을 때는 귀를 기울여야 하며 참을성을 지녀서 다투지 말며 충고받은 대로 행하는 것이 좋다. 충고는 하는 것도 받는 것도 우정의 특징이다. 선한 사람끼리 맺어진 우정에는 서로 간에 조금도 가장하거나 꾸밈이 없어야 한다. 남이 친구를 비난하면 이를 받아들이지 말아야 하고 자신은 친구를 의심해서도 안 되며 그 비난의 말을 믿지 말아야 한다. 친구와의 대화와 태도는 항상 상냥해야 하며 상냥한 태도는 우정에 있어 양념 같은 것이다.

우정이 추구하는 건실함과 의연함의 버팀목은 무엇보다 서로의 미덕에 대한 신뢰다.

친구로부터 얻게 되는 즐거움은 그에게서 얻는 이익이 아니라 친구의 사랑 그 자체이며 그것도 따뜻한 마음에서 우러난 것이어야 즐거운 법이다.

우리가 우정을 귀히 여기는 데는 서로가 미덕의 조력자가 되고자 함이다. 미덕은 동반자와 결합할 때 최고 목표에 도달하기가 쉽다. 그런 우정이야말로 인간이 추구해야 할 가치 있는 모든 것, 명예, 영광, 마음의 평정, 상쾌함을 내포하고 있으며 이런 것을 지니고 나누어서 서로 행복해지고자 함이다. 친구는 그 자리에 없어도 그 자리에 있는 것이며 그는 가난해도 부자며 약해도 강하며 죽어도 살아 있는 존재인데, 그만큼 서로 존경하고 기억하고 그리워하기 때문이다.

우정은 미덕이 빛을 발할 때 유사한 성질의 영혼이 서로 애착심을 느껴 맺어진 것이며 거기에 사랑이 싹틔워져 이루어진 것이다. 우정은 모든 삶 속에 파고들며 어떤 삶의 방식을 택하던 피할 수 없는 덕목이다. 선한 사람이 선한 사람을 좋아하며 그를 자신과 결속시키기를 원한다. 우정을 귀히 여기는 선한 사람은 최고의 선인 미덕을 양성해서 자신이 우정의 대상이 되도록 애쓰며 그런 사람에 다가가도록 노력하는 사람이다.

# 라스트 세션

연극 무대, 막이 오른다.

"난 도발적인 토론을 즐기는 거요, 지금 우리처럼." 이러한 예리하고 위트 넘치는 지적 논쟁의 대화 한 구절로도 충분히 연극에 몰입할 수 있게 한다.

20세기 무신론의 시금석 '지크문트 프로이트'와 대표적 기독교 변증가인 'C. S 루이스', 이 두 사람이 펼치는 신과 종교, 삶과 죽음, 그리고 사랑에 대해 쏟아 내는 논변을 기대할 만하다는 연극 소개에 귀를 기울였다. 국내 최정상 배우들[1]이 완벽하게 해석한 캐릭터와 환생한 듯한 싱크로율로 펼치는 연기를 통해 전설의 두 학자가 무대 위에 생생하게 살아나서 선보일 논쟁 그 이상을 기대하며 극장으로 향했다.

희곡은 책 〈루이스 vs 프로이트. The question of god〉에 영감을 받아 전혀 다른 세상, 세계를 그리는 두 지식인이 만난다면 아마 흥미로운 설전이 벌어질 수도 있을 거라는 작가[2]의 상상으로 쓰인 작

---

1) 프로이트 역 : 신 구, 오영수. 루이스 역 : 이상윤, 전박찬
2) 마크 세인트 저메인 ( Mark St. Germain. 희곡, 영화, TV 드라마 작가)

품이다. 연극은 83세의 정신분석학 창시자 프로이트의 런던 집으로 이제 갓 40세의 젊고 영민한 옥스퍼드대 교수이자 기독교 변증가 C. S 루이스가 찾아오면서 시작된다. 나치 독일이 폴란드를 침공한 1939년 9월, 20세기를 대표하는 위대한 무신론자와 젊은 유신론자가 40년 이상의 나이 차이에도 불구하고 한 치도 양보할 수 없는 한 판 대결이 펼쳐진다. 신의 존재에 대한 냉정하고 비판적인 논쟁에서 나아가 삶의 의미와 죽음, 욕망과 고통을 포함한 인간의 가장 본질적인 주제가 논쟁의 대상이다. 두 거인이 펼치는 논리의 칼과 유머의 방패가 경쾌하게 부딪치는 무대가 전개되면서 지적이고 재기 넘치는 논쟁이 관객들의 마음을 녹아내리게 했다.

연극은 무신론자와 신의 변호인에 의해 끝없고 답 없는 논쟁이 시종일관 전개되는데 극 중 등장인물이 던지는 다양한 질문들, 그들은 답을 안다고 생각하지만, 끊임없이 회의하며 의심하는 질문들을 쏟아 낸다.

창조자는 우주 너머의 존재인가/ 보편적 도덕률이란 존재하는가/ 인생의 가장 큰 기쁨의 근원은 무엇인가/ 쾌락의 추구가 인간의 유일한 목적인가/ 사랑이란 무엇인가/ 고통의 문제는 어떻게 해결할 수 있는가/ 그리고 삶과 죽음을 어떻게 바라볼 것인가.

던져지는 답 없는 질문들은 그것이 '창백한 푸른 점[3]'에 살고 있는 우리에게 주어진 영원한 숙제일 수 있다. 연극 한 편이 인류 최

---

3) 1990년 우주선 보이저호가 촬영한 지구 모습

대의 미스터리를 풀 수 있을 거라고는 당연히 믿고 있지 않지만 아마도 작은 계기는 될지도 모른다는 메시지를 주기에는 충분했다.

극 중에 전개되는 두 화자(話者)의 인식 체계와 대화 내용 몇 가지를 기억해 본다.

신의 존재에 대한 논쟁이다. 어린 시절 어머니의 죽음을 보고, 기숙학교로 보내져 체벌과 학대를 경험한 루이스는 어른이 됐을 때 무신론자였다. 하지만 1차 대전의 참호전에서 수많은 죽음을 눈앞에 보고 생환한 뒤 점차 기독교인으로 회심하게 되었다. 루이스는 "선생님(프로이트)이 믿지 않기로 하신 것, 그것이 가장 결정적인 신의 존재 증거"라 하고 "신이 존재하지 않았으면 하는 바람만큼 신이 존재한다는 믿음이 강력하며 무언가를 부정하려면 먼저 그걸 인식해야 하니까요"라고 주장하는 루이스의 신념은 강렬하다. "나는 진실을 발견했지, 삶이 끝나면 그것으로 끝이란 진실!" 프로이트가 내뱉는 대사를 어떻게 수용해야 하는가? 프로이트는 신을 섬기도록 교육받았으나, 그 신이 가족도 동포도 지켜주지 않는다는 사실을 자기 눈으로 지켜봤다. 신의 존재 자체를 부인하고 비웃는 그의 무신론에는 경험에서 비롯된 절절한 확신이 있다. "신은 늘 전쟁을 일으키는 자들의 가장 큰 친구였지. 히틀러는 유대인 탄압이 신의 뜻이라 하며, 신과 자신을 동시에 받드는 군대를 일으킨 거요."라고 프로이트가 주장한다.

루이스는 "악은 오히려 선을 위한 도구가 될 수 있으며. 히틀러의 야비한 행동이 오히려 반대되는 가치의 필요성을 강화해 준다."

라고 반박하자 프로이트는 더 냉소적으로 대꾸한다. "그래서 히틀러가 망치를 휘두르는 동안 신은 그 망치질에 누가 살아남는지 기다리고 있는 거구먼." 하지만 '고난에는 이유가 있다'라는 루이스의 주장 역시 확신에 차 있다. "우리는 평온한 길을 갈 때는 신을 찾지 않지요, 위기에 처할 때야 비로소 신의 이름을 부릅니다. 고통은 도구가 아닐까요?" 고통에는 이유가 있는가의 논쟁이었다.

두 사람은 양심을 놓고도 부딪힌다. 프로이트는 "양심은 그야말로 실패작"이라고 말한다. "양심은 부모가 자식에게 주입한 행동 양식일 뿐이야. 우릴 억압하는 족쇄가 돼서 평생 따라다니지, 양심 같은 건 없어요, 혼돈을 통제하려는 나약한 인간의 노력이 있을 뿐"이라고 말한다. 루이스는 "직선이 있어야 곡선이 휘어 있다는 걸 알 듯, 히틀러가 악하다는 것을 아는 마음, 보편적 도덕률로서 양심은 태어날 때부터 주어진 것"이라고 반박한다.

이렇듯 답 없는 논쟁의 전개 속에서도 프로이트의 냉소적 반격은 역설적으로 자칫 무거워지기 쉬운 논쟁의 갈피마다 웃음을 끼워 넣었다.

두 거인에게 세계대전의 비극이 있었다면 지금의 우리에겐 팬데믹이라는 쓰나미에 온 인류가 시달리고 있다. 우크라이나 전쟁, 환경오염이 초래한 기후변화, 질병과 재난과 고통은 멈추지 않고 있다. 어디에선가 아이들은 굶주림으로 죽어 가며 광신자들은 신의 이름으로 죽고 죽이길 멈추지 않고 있다. 그래도 신의 선함과 정의를 믿는 것이 가능한 일인가?

　프로이트와 루이스의 논쟁이 소중한 것은 그 질문들이 오늘을 살아가는 우리에게도 여전히 절실한 의문일 수 있기 때문이다. 극장은 단지 예술을 경험하는 장소만이 아니다. 다른 계층, 다른 세계관을 가진 사람을 만날 수 있고 다른 가치와 생각, 역사와 기억을 회상해 낸다.

　발 묶이고 두려움이 우리를 서성이게 할 때, 연극의 힘이 세상에 더 필요한 까닭이지 싶다.

　연극 '라스트 세션'은 잊은 채 지내던 생의 절실함을 다시 불러내었다. 희미하다 해도 진리를 향해 가는 길을 밝힐 마음속 등불 하나쯤 켜두고 싶게 하는 것. 연극을 본 관객들이 가질 수 있는 행운이며 특권이지 싶다. 좋은 연극 한 편은 살아갈 힘을 안겨준다.

-『한국수필』(2023. 7월호)

제2부

**일체유심조**

불(佛) 제자의 번뇌

일체유심조(一切唯心造)

고집멸도(苦集滅道)

반가사유상(半跏思惟像)

불탑(佛塔)

연꽃

홍련암

석모도 보문사

남해 살이

삶이 그대를 속이더라도

# 불(佛) 제자의 번뇌

부처님 오신 날을 맞아 낙산사 홍련암에서 연등 달기를 청하고는 절 앞의 동해 바다를 마음에다 담아내고 있다. 먼 먼 시원(始原) 어디서 불어오는 바람 따라 파도가 일고 들어오는 밀물과 나가는 썰물이 바다에서도, 마음에서도 출렁이고 있다.

불교 용어로 해인(海印)이라는 말이 있다. 부처의 지혜로 세상과 우주 만물의 이치를 깨닫는 것을 의미한다. 도장 인(印)자를 쓰는 것은 완전한 약속과 틀림없다는 증명을 뜻한다는데 왜 바다에 비유하였을까? 우선 바다는 늘지도 줄지도 않는 불변성이 있다. 마음 또한 이와 같다고 했다. 다만 바다에 밀물과 썰물이 있듯이 사람의 마음도 이렇듯 밀려오고 밀려나고 하는 것이다.

바닷물처럼 마음도 한번 들어오면 한번은 나가고 만다. 좋은 일 다음에는 싫거나 나쁜 일이 생기고, 즐거운 다음에는 괴로움이 따르게 마련이다. 밀물과 썰물의 시간이 다르듯 마음도 때에 따라 느끼는 감정이 달라진다. 기분 좋은 마음과 기분 나쁜 마음이 때를 맞추어 일어나는데 이를 업연(業緣)이라 하며 때를 따라서 좋은 현실과 좋지 않은 현실이 나타나게 되는데 바로 시절인연(時節因緣)이라 일컫는다. 바람이 불면 바다는 출렁이고, 바람의 세기에 따라 파도도 높이가 달라진다. 마음 또한 이와 같아서 욕심의 바람이 불면 마음이 흔들리고 출렁인다. 충만을 느낄 때도 있지만 때로는 두렵기도 하고 괴롭기도 하다. 욕심의 바람이 잦아지면 마음의 바다 또한 잔잔해진다. 욕심과 욕망의 바람이란 그런 것이다. 폭풍우가 일고 해일로 뒤덮일지라도 끝내는 언제 그랬나 싶게 조용해지고 잠잠해진다.

바다는 본래 고요하고 잔잔하다. 마음도 본래는 이와 같다고 했다. 분별, 취사선택, 고락, 업연의 옷을 입은 까닭에 심란해지는 것이다. 때 묻은 바람만 불지 않는다면 마음의 바다도 항상 고요하고 잔잔하다 했다. 이 이치를 모르는 바 아니나 삶에 휘둘린 채 탐진치 때 묻은 옷을 쉽게 벗지를 못하고 허황하게 살아가고 있다.

모두가 다 돈만 벌고자 하고, 출세를 위해 날뛰고, 고매한 인격을 흉내 내면서 높고 좋은 자리를 갈망하며 발버둥 친다. 건강을 부르짖으며 외모 치장에 혈안이 되어 있다. 이런 갈망과 욕망이 인과(因果)의 바람을 일으켜서 마음에 파도를 치게 하는 원인임을 모르는 사람은 없을 것이다.

그러면 '어떻게 살아야 하는가? 어떻게 사는 것이 잘사는 것일까?'라며 항변도 하고 고뇌도 하는 것이다. 그러나 업(業)과 습(習) 때문에 아집과 고집, 집착에 묶여 있어 이런 생각에서 쉽게 벗어나지 못하며 의심 또한 버리지 못하는 것이 중생의 마음이다. 그렇기에 중생은 때 묻은 마음을 바꾸지 못하여 인과의 과보를 받아 그 모양, 그 행태로 윤회(輪廻)의 고통을 면하지 못한 채 살아가는 것이다.

절집에서는 사람을 세 가지 부류로 구분 짓는다. 부처님 법(法)에 대한 신심(信心)이 깊어서 스스로가 괴로움 없이 항상 평안한 마음을 지니는 상근기(上根機)에 해당하는 사람이 있다. 중생이 이런 사람 되고자 하는 것은 언감생심(焉敢生心)이다. 스스로 생각해 보아도 신심이 그리 깊지는 않으나 신심을 가지려고 노력하는 편이지만 일상에 묻혀 부처님을 잊고 사는 경향이 많다. 그래도 가끔은 절에 가서 설법도 듣고 공부 깊은 도반의 불법 해설에 귀도 기울이기에 중근기의 사람으로나마 살아간다면 다행이겠다 싶다. 그러나 자기 생각에만 갇힌 채 그 생각이 이끄는 데로 살아가기가 다반사이니 하근기 근성을 벗어나지 못할 때가 더 많아 안타까운 심사를 고백하지 않을 수 없다.

스스로 불자라고 자부할 수 있는가? 진정한 신심이란 무엇인가?

세상 모든 것은 허깨비요, 그림자여서 모두가 공(空) 아닌 것이 없다는 데에 대한 믿음을 확고히 지닐 수 있으면 좋겠다. 이것이 있으면 저것 또한 생겨난다는 연기법(緣起法)과 인과(因果)에 대한 믿음을 가지고, 분별심(分別心)과 집착만 없애면 마음이 깨쳐져서 괴로운 윤회에서 벗어날 수 있다는 사실을 마음 깊이 새겨야 할 텐데…. 더 간절한 기도와 정진이 있어야겠다.

제대로 알지도 못하면서 말로만 믿으려 하고 있으니 올바른 신심을 지니지 못함을 스스로 자책하게 된다. 바로 알고 지극한 마음으로 믿으면 탐진치(貪瞋癡) 삼독심(三毒心)이 생기지 않고 고통에서 벗어나는 것이 당연한 이치이련만 중생의 태를 벗어나지 못하고 있다.

모두가 생로병사 한다. 다만 시간문제라 했다. 인과를 따른다 해도, 사람마다 태어나는 시기와 죽는 순간이 다르고, 기쁨과 슬픔을 느끼는 때도 다르며, 즐거움과 고통을 겪는 순간도 제각각이다. 이러한 차이마저 인과라 했다.

얻지 않으면 잃을 것도 없고, 좋은 것을 탐하지 않으면 싫어할 것도 없을 것이며 좋지 않은 일이 오는 것은 좋은 일이 있었기 때문이요, 사람을 싫어하는 것도 좋은 사람이 있었기 때문이라 했다. 이렇게도 저렇게도, 좋고 싫고, 가졌다 못 가졌다, 아무리 따져 보아도 결국은 모두가 공(空)으로 돌아가는 것이리라. 세상에 남길 것도 없으니 모자랄 것도 없다. 윤회할 뿐이며, 이마저도 결국 사라질 것이기에 집착할 필요도 없다. 정을 줄 이유도 없고, 정을 남길 이유도 없다 했다.

일체개공(一切皆空)이라 했으니 이 이치를 훤히 들여다보고 생활 가운데 일어나는 모든 일에도 이를 적용할 수 있다면 마음 역시 평온해진다고 했다. 너무나도 당연하고 간단한 이치인데 이에 대한 확실한 믿음, 적어도 공(空)과 인(因)에 대한 믿음이라도 굳게 지녀야 불자라 할 수 있을 텐데 그 믿음 언저리에서 서성이고 있다. 자신의 의지와는 별개로 마음 감정은 마음 감정대로 움직이고 있어서 이를 잡아두기가 참으로 어렵다.

비록 탐·진·치의 삼독심이 끊임없이 일어나더라도 이를 제거하고, 일상 속에서 확신과 신심을 더욱 굳건히 쌓아야 한다. 이를 지켜나가기 위해서 기도와 보시, 그리고 끊임없는 정진을 함께 실천해 나가야 할 것이다.

나무아미타불!

# 일체유심조(一切唯心造)

일체유심조(一切唯心造), 큰 법문의 뜻이 궁금하다.

그 뜻을 살피는 데는 분별과 해설이 따르고 해설은 언어로 표현되기 때문에 언어의 의미를 먼저 헤아려 봄이 타당하리라 여긴다.

사람들은 보통 사물이나 가치, 관계 등을 분별하며 살아간다. 분별은 자기가 쌓은 정보에 의해 이루어지며 정보는 사람이 세상을 살아오면서 스스로 체득한 경험과 학습에서 얻어진 것이며 그 분별 또한 언어를 통해 표현된다. 사람들이 지닌 정보에는 주관적인 면과 객관적인 면이 혼재해 있다. 이 점을 유의하면 개인적 정보에 의해 분별한 뜻은 절대적인 선(善)이라 하기에는 무리가 따른다.

그 절대적일 수 없는 분별이 일상생활에서 언어로 표현될 때는 왜곡과 충돌이 따르게 마련이고 심지어 말장난이 되고 마는 예도 있다. 말장난이나 언어를 왜곡하여 사용하는 경우를 언어도단이라 한다. 불교에서는 궁극의 경지를 언어도단(言語道斷) 심행처멸(心行處滅)이라고 하는데 깨달음의 경지는 모든 분별이 사라진 자리를 의미한다.

언어는 그 자체가 상징하는 개념 한계성을 지닌다. 그래서 깨달음의 세계는 언어로써 분별할 수 있는 세계가 아니며 언어의 길이

끊어지고 마음 작용이 사라진 언어도단 심행처멸의 자리다.

그러나 불법이 아무리 훌륭하다 해도 언어를 통하지 않고서는 그 가르침을 전할 수가 없다. 그러기에 부처님의 팔만사천법문이 있는 까닭이다. 언어에는 한계가 있으므로 부처님 가르침을 전하는 경전도 의미 전달에는 한계성이 있을 수 있다. 부처님의 가르침이 아무리 위대하다 해도 그 가르침을 접하는 우리는 우리식대로 이해한다. 법문(法文)을 접하는 사람들은 각자의 처지에서 자기식대로 자기의 언어로 분별하며 이해하기 마련이다. 일체유심조는 큰 법문이다. 이 법문을 살펴보기에 앞서 언어나 분별을 먼저 살핀 이유도 그 때문이다.

일체유심조라는 하나의 가르침에 대한 이해는 다양하다. 그 말속에 담긴 일체(一切)와 심(心)과 조(造)를 어떤 의미로 해석하고 이해하는가에 따라 견해를 달리하게 된다.

일체유심조를 흔히들 '마음먹기 나름' 또는 '생각하기 나름'의 뜻으로 해석하기도 한다. 일체(一切)는 '모든 것'으로 풀이해도 좋겠다. 이 경우 마음(心)은 '의지나 생각'이라는 뜻으로 풀이된다. 그러나 세상살이가 자신의 의지나 생각대로만 펼쳐지지는 않는다. 이런 풀이를 잘못 이해하면, 모든 것을 개인의 잘못으로만 돌려버리는 위험이 따른다.

다른 한편의 해석으로는 '모든 것은 마음에 의해 그렇게 본다'로 풀이하기도 한다. 이때의 마음(心)은 '저장과 생성'의 의미를 지니며 '본다'라는 말은 '인식한다.' '이해한다'라는 뜻인데 조(造)가 그렇게 풀이되는 것이다.

또 다른 한편으로 '모든 것은 마음이 실제로 만든다'라는 뜻으로 확대하여 해석되기도 한다. 일체(一切)의 범위가 확대 이해된 경우다. 이때의 마음은 '저장과 생성'의 뜻이며 조(造)는 실제로 만든다는 의미다. 확대된 범위로 모든 것을 포괄시키다 보면 자기 스스로 지닌 마음에 의해 모든 것이 만들어지는 결론에 이르게 된다. 이런 결론은 때로는 도취나 신비주의에 빠지기도 해 주체인 자신을 상실할 가능성도 있어서 쉽게 동의하기가 주저된다.

일체유심조란 뜻을 포괄적으로 유추해 보면 '마음에 저장되고 생성된(마음먹은) 생각으로 바라보는 대상을 인식하고 이해하여 모든 것을 결정해 낸다'라고 생각하면 어떨까?

또 다른 한 면을 살피면 생활인에게 일체유심조는 어떤 영향을 미치고 있는가가 궁금하다.

사람들은 '마음먹기'나 '생각하기' 나름이라는 보편적 인식으로 마음속에 지닌 정보나 이해를 바탕으로 자기 삶의 길을 결정하며 걸어간다.

길은 사람이 다니는 통로다. 삶의 방향이나 지표가 무형의 길이라면 도시와 산과 들, 하늘과 바다에 나 있는 길은 유형의 길이다. 길은 물리적인 통로를 넘어서 인간 존재와 삶의 방향성을 상징하는 개념이다. 길은 내면의 탐구와 자아실현의 과정으로도 해석될 수 있으며 과정은 계속되는 성장과 변화를 의미한다. 길을 걷는 과정에서 발견되고 만들어지는 크고 작은 경험과 의미들은 자신의 마음에 의해 만들어져서 궁극적으로 삶 전체의 가치를 형성하게 된다.

길은 목표 설정과 도전을 상징하고 삶에 의미와 목적을 부여한다. 삶에 체화된 다양한 경험과 선택은 길을 걷는 과정에서 생성된 것으로 인간의 선택과 자유의지를 상징한다.

사람들 각각이 걷는 길은 자신의 선택 결과다. 그 선택이 자신의 삶을 결정한다. 인간은 삶이 지속되는 한 끊임없이 배우고 경험하며 그 과정에서 성숙해진다. 길을 걷는다는 것은 단순한 이동을 넘어서서 삶의 의미를 찾으며 성장하면서 타인과 소통하는 인간의 본질적 활동을 의미한다. 삶이란 길에서 획득되고 조성된 경험과 시간은 인간을 보다 훌륭한 존재로 변화시키는 요소다. 그 바탕에 일체유심조가 자리하며 그 길의 방향타가 된다.

모든 도전의 과정에는 실패가 따를 수 있지만 좌절하거나 포기하지 않는, 꺾이지 않는 의지와 열정은 마음먹기에 달렸다, 일체유심조다.

- 한국수필가연대 『대표수필선』 제29집. (2025.)

## 고집멸도(苦集滅道)

누구라도 이 세상에 오고자 뜻을 세우고 온 사람은 없다.

인간의 존재는 타의(他意)에 의하여 이루어졌다. 타의가 신(神)의 의지인지, 전생의 업연(業緣)인지, 우연인지 혹은 숙명인지 누구도 그것을 논증할 수 없다.

인도 사람들은 우리가 사는 세상을 사바세계라 한다.

중국 사람들은 '참다'(sha)라는 어근에서 파생된 말 한마디를 감인대(堪忍待)라고 번역했는데 우리가 사는 세상을 '참고 견디면서 기다려야만 하는 세상'으로 옮겨 낸 것이다. 의역하자면 사바세계는 '뜻대로 안 되는 세상'이다. 뜻대로 안 되기에 사바세계의 인생은 참고 견디면서 기다릴 수밖에 없고, 그런 상태가 바로 고통이라는 것이다.

부처님은 그 뜻대로 안 되는 괴로운 사건 중에서 가장 대표적인 사건을 태어나고, 늙고, 병들고, 죽는 사건, 즉 생노병사(生老病死)라고 했다.

모든 존재의 최대 불행은 자기 존재의 소멸이며, 모든 존재의 원초적인 본능은 자기 존재의 지속이다. 그러나 인간은 이러한 원초적인 욕구와 달리 결국 죽을 수밖에 없다.

인간사 가운데 가장 처절하고 절망적인 사건은 죽음이다. 늙고 병드는 것은 죽음의 전조(前兆)에 불과하다. 생(生)은 인간사 중에서 뜻대로 안 되는 최초의 사건이다. 이 세상 그 누구도 제 뜻으로 이 세상에 온 사람은 없다. 자신의 존재 여부를 자신의 뜻대로 못 했으니 참으로 억울한 게 인생이다. 생의 고통이란 이런 뜻이다.

석가모니 부처님은 당신 가르침의 전모를 괴로움, 괴로움의 원인, 괴로움이 소멸한 경지. 괴로움이 소멸한 경지로 가는 길이라는 네 단계의 구조로 해명하신다. 이른바 고집멸도(苦集滅道), 즉 네 가지 거룩한 진리다.

불가에서는 인간의 현존을 '괴롭다'라는 한마디로 결론짓는다. 인생에는 즐거움과 괴로움이 섞여 있지만 결국은 괴로울 수밖에 없다는 뜻이다. 인생의 시작과 끝이 모두 뜻대로 되지 않기 때문이다. 고집멸도는 인생의 현존상태, 그 현존상태의 원인, 그 원인의 소거에 따른 현존의 극복 상태, 그리고 그 상태를 성취하는 방법이라는 자연스러운 네 단계의 논리구조로 되어 있다. 뜻대로 안 되는 현실을 참고 견디며 기다리지 못한다면 고통은 배가 된다. 태어날 때부터 죽음에 이르기까지 뜻대로 안 되는 현실을 참고 견뎌내야 하기에 인생은 결국 괴로움이다.

그래서 부처님은 이러한 사실을 '인생은 결국 고통이다'라는 진리로 확정하신다.

부처님도 인생은 즐겁기도 하고 괴롭기도 하다[半苦半樂]고 하셨다. 얻고 싶은 것을 얻지 못하는 것은 괴롭지만[求不得苦] 얻고 싶은 것을 얻을 때는 즐겁다. 사랑하는 존재나 현상과 이별하는 것은 괴롭지만[哀別離苦] 미워하는 존재나 현상이 사라지는 것은 기쁘다. 싫어하는 존재나 현상을 만나야 하는 것은 괴롭지만[怨憎會苦] 좋아하는 존재나 현상과 함께하는 것은 즐겁다. 우리 몸과 마음의 감각기관들이 그 대상을 갈망하며 끝없이 치달리는 것은 괴롭지만[五陰盛苦] 그것이 충족될 때는 즐거운 것이 분명 사실이다.

그러나 이런 즐거움은 상대적인 즐거움에 불과하다. 즉 괴로움을 전제로 한 즐거움에 불과하다는 말이다. 늙음이 없고 병듦이 없고 죽음이 없고 배고픔이 없다면 그 반대가 기쁨이 될 수 없다. 또한 이런 즐거움은 남과 비교하여 상대적으로 우위에 있을 때만 즐거움으로 인식된다. 열등하게 인식되면 즉시 괴로움으로 변하며 더하여 그 즐거움을 지속시키기 위한 끝없는 괴로움이 뒤따른다. 그리고 결국은 죽음이라는 사건이 모든 행복을 단 한 번에 휩쓸어 가버린다.

인생에서의 행복은 예외 없이 유한하고 불완전하다. 그러므로 인생은 결국 '고통'이다.

그런데 우리들 대부분은 더욱, 가능한 데까지 괴로움을 피하고 그 유한한 즐거움을 좇아 다닌다. 반면에 부처님은 그 괴로움의 원인을 찾아 소거함으로써 괴로움을 극복하고 완전하고 절대적이고 영원한 행복을 성취하자고 하신다.

인간의 현존, 인생이 결국 고통이라는 인식은 대부분의 성자와 현자들에게 있어 한결같으나 그 원인에 대한 해명은 각기 다르다.

기독교적인 해명은 초월적인 신이 인간에게 영생하는 완벽하게 행복한 세상을 주었지만, 인간이 그에 대한 전제를 어긴 탓으로 죽음에까지 이르는 고통으로 내몰린다. 즉 고통의 원인은 '죄'다. 이는 인류 사회에서 가장 널리 그리고 오래도록 지지되어 온 믿음이다.

한편, 고통의 원인에 대한 붓다의 해명은 인간의 고통이 '무지'에서 온다고 본다. 인간은 인간과 세계의 참모습[實相]에 대한 무지, 착각, 이른바 어리석음 때문에 고통을 겪는다 했다.

붓다의 말씀을 간추리면 고통의 일차적 원인은 욕망이다. 고통을 한마디로 압축하면 뜻대로 되지 않는 상태, 즉 욕망이 충족되지 않는 상태다. 인간은 헤아릴 수 없는 욕망을 갖지만, 그 대부분이 '갖고 싶은 욕망'이다. 그러나 갖고 싶은 것을 다 가질 수는 없다. 그러므로 소유의 욕망은 고통의 원인이 된다.

다음은 '영원(永遠)하고 싶은' 욕망이다. 인간은 소유를 영원히 지속시키고 싶어 한다. 영원에 대한 욕망, 그중에서 가장 심각한 대상은 생명이다. 유무형의 모든 사물은 생겨나서 유지되다가 무너지고 끝내 사라지는 네 단계 과정으로 존재한다. 모든 것은 영원할 수 없어 사라지는 것이 일체 존재의 진실한 존재 양식이다. 그러니 영원에 대한 욕망은 고통의 원인이다.

모든 존재와 현상은 찰나 찰나 생겨났다 사라짐을 반복한다. 그러므로 우리는 그 무엇을 소유하거나 영원하게 할 수는 없다.

중생이 무지와 착각 때문에 소유와 영원의 욕망을 버리지 못하는 것, 이것이 바로 모든 고통의 원인이 되며 괴로움을 겪는 이유다.

　인간은 본성적으로 결코 소유할 수도, 영원케 할 수도 없다. 왜냐하면 일체 존재와 현상은 자성이 없어[無自性] 마치 흐르는 물처럼 순간순간 변하기 때문이다. 모든 존재는 순간에 변하는 연속적 흐름의 현상으로서 아무런 자성이 없다. 이런 흐름 속에는 항상 존재하거나 자신의 힘으로 생존하는 실체는 절대 없으므로 도무지 취착(取着)할 대상이 없는 것이다. 이를 모르고 소유와 영원을 향한 갈망으로 취착하려 드는 망상이 바로 괴로움의 원인이다.

　괴로움의 현실을 알고 그 원인을 안다면 그 원인을 소거하여 괴로움을 극복할 수 있다 했다. 어찌 할거나. 각자의 인생관과 통렬한 반성, 깊은 숙고(熟考). 확고한 자기 성찰이 따라야 할 일이다.

# 반가사유상(半跏思惟像)

　서울 용산에 자리 잡은 국립중앙박물관은 그 터가 주한미군이 오래도록 주둔했던 자리로 부대가 다른 지역으로 이전한 뒤 약 30만 ㎡의 방대한 공간에 30여 만점의 민족 문화유산이 보관 전시되는 세계적 규모의 박물관으로 들어섰다.

　자연과 인공의 조화를 소중히 여긴 선조들의 지혜를 이어받아 아름다운 정원과 호수를 겸비한 현대식 건물이 남산과 한강이 둘러싼 배산임수의 장소에 건립되었다. 관람객의 접근이 편하도록 지하철 4호선 이촌역에는 박물관으로 향하는 나들길이 조성되어 있다.

　나들길 따라 자리한 화분에 심어둔 푸른 대나무 정기를 느끼며 나아가면 박물관 광장에 이른다. 광장 오른편에는 경복궁에 있는 경회루 연못이나 창경궁의 춘당지를 닮은 조용하고 예쁜 연못이 있는데 거울 연못이라 불린다. 연못 둘레길 따라 조성된 정원과 심어 가꾼 수목들 사이에 팔각정이 자리하고 있으며 청자정이란 이름의 편액이 걸려있다. 정자에 앉아 연못을 바라보면 아름답고 고요한 분위기가 방문자의 마음을 차분히 가라앉히고 여유를 갖게 한다.

　수많은 유물을 제대로 관람하기에는 족히 일주일이 소요된다는 관람 안내 정보를 밀쳐두고 맨 먼저 찾은 곳은 금동반가사유상(金銅半跏思惟像) 특별전시실이었다.

'반가사유상'은 불상 가운데 가장 철학적인 자세로 사유의 모습을 취하고 있다는 평가를 받는다. 반가사유상은 6세기 중엽부터 7세기 중엽까지 1세기 동안 우리나라에서 수없이 만들어졌다고 한다. 현재는 남아 있는 수가 많지 않지만, 금동, 목조, 석조, 마애석불 등 다양한 재료로 만들어져 왔기에 우리나라를 가장 다채롭고 풍성한 반가사유상의 나라로 알려지게 했다. 박물관 측은 프랑스의 루브르 박물관의 '모나리자'와 같은, 국립박물관을 대표하는 브랜드를 만들기 위해 반가사유상 두 점만을 전시한 439㎡ 규모의 독립전시실인 '사유의 방'을 박물관 2층에다 개관해 놓았다.

입구 벽면에 '사유의 방'(Room of quiet Contemplation)이라는 방 이름이 쓰여 있고 그 아래에 '두루 헤아리며, 깊은 생각에 잠기는 시간'(Time to lose yourself deep in wandering thought)이란 부재가 붙어 있다. 입구로 들어서서 좁고 긴 어두운 통로를 지나면서 고요한 분위기에 잠기다, 모퉁이를 도는 순간 마주치는 초현실적 공간에 탄성이 절로 나온다. 일체의 다른 텍스트 없이 오롯이 두 점을 감상하고 느낄 수 있는 공간으로 만들어져 있다. 유물에 대한 단순 전시를 넘어 관람객이 직접 '사유'의 순간을 체험할 수 있게 구성된 전시실은 조용한 명상과 내면의 성찰을 이끄는 특별한 공간이다.

전시실 중앙에는 한 자 높이의 타원형 목재 받침틀이 바탕으로 자리 잡았다. 그 위에 높이 1m가량의 원형 받침대 두 개가 적당한 간격을 두고 설치되었는데 그 받침대 위에 반가사유상 두 점이 각각 자리하고 있다. 고개를 들지 않고 올려다볼 수 있는 가장 편안한 높이로 모셔져 있다. 전시실은 전체적으로 다소 어두운 편인데 방 전체는 적벽(赤壁)으로 감싸여 있으며 벽면 상부와 지붕에는 엷은 주황색 조명이 설치되어 있어 전시실 전체가 신비감을 안겨준다.

세계에서 제일 크고 가장 오래되어 1,000여 년의 세월을 넘긴 두 점의 국보 금동반가사유상을 마침내 마주하였다. 반가사유상의 자세들은 가장 특이하고 매력적이며 철학적인 자세라고 알려져 있으며 그 명칭은 상(像)의 자세에서 비롯되었다 한다.

반가(半跏)는 양쪽 발을 각각 다른 쪽 다리에 엇갈리게 얹은 결가부좌에서 한쪽 다리를 내려뜨린 반(半) 가부좌 자세다. 머리를 살며시 숙이면서 오른쪽 발은 왼쪽 무릎 위에 올리고 오른쪽 팔꿈치를 오른쪽 무릎 위에 올린 뒤 검지와 중지 두 손가락을 오른쪽 뺨에 살포시 괴고 있다. 눈을 지그시 반쯤 뜬 채 깊은 사색에 잠겨있는 반가사유상은 그야말로 너무나 매력적인 모습이 아닐 수 없다. 정면과 측면, 후면 어느 방향에서 보아도 살며시 숙여진 아름다운 자세에 홀린 듯 탑돌이하듯 바라보다 보면 어느새 자신도 그 명상의 자세에 빠져들게 된다. 사유(思惟)는 인간의 생로병사를 고민하며 깊은 생각에 잠긴 자세를 나타낸다. 이 자세는 석가모니 부처가 태자 시절에 인간의 생애를 깊이 고뇌하며 명상에 들었던 모습에서 비롯되었다는데 중생 구제를 위해 깨달음을 잠시 미루고 있는 보살의 모습으로 표현되었다 한다.

　살짝 다문 입가에 잔잔히 번진 미소는 깊은 생각 끝에 도달하는 깨달음의 찰나를 상징한다. 신앙의 경지를 최고의 예술로 승화시킨 두 국보 반가사유상의 아름다움은 세속의 감각을 넘어서는 데 있다. 두 반가사유상은 표정, 옷차림, 크기와 무게, 제작 시기는 다른 면이 있으나 절묘한 조화와 균형 면은 공통점을 지닌다.

　두 반가상 중 6세기 후반에 제작되었다는 국보 78호 반가사유상은 크기가 81.5cm인데 날카로운 콧대와 또렷한 눈매, 물결치듯 흘러내려 귀를 가린 화려한 보관(寶冠)과 장신구, 정제된 옷의 주름 등이 특징으로 꼽힌다. 양옆으로 휘날리는 어깨 위의 날개옷은 생동감을 주고 옷 사이로 살짝 드러난 목걸이와 팔 자세는 화려함을 더한다. 반면에 하반신의 옷 주름은 층층이 흘려내려 차분하게 정돈되어 있다. 7세기 전반에 제작된 세계 최대인 국보 83호 반가사유상은 크기가 91cm인데 앳되고 간결하고 우아하며 단순하고 절제된 양식을 보여준다. 세 개의 반원으로 이루어진 간결한 보관(寶冠) 아래 커다란 귀를 지닌 얼굴, 아무것도 걸치지 않은 상반신에 두 줄의 원형 목걸이가 간결함을 돋보이게 한다. 반면에 무릎 아래의 옷 주름은 물결치듯 율동감 있게 입체적으로 흘러내리는 역동성을 보여준다. 양손의 손가락에선 섬세함이 느껴지고 힘주어 구부리고 있는 발가락에는 긴장감이 넘친다. 이 두 점의 반가사유상은 화려하면서도 절제되고 간결하면서도 생동감 넘친다. 절묘한 조화와 균형 면에서 공통점을 보여주는 세계 최대의 금동반가사유상은 전

세계에 남아 있는 70여 점 중에서 가장 뛰어난 작품으로 세계 최고의 걸작으로 평가받아 마땅하다.

반가사유상들이 지닌 아름다움의 특색은 사색하는 부처님의 깊고 맑은 정신적인 아름다움에다 인체의 모습을 그대로 재현해 놓은 원숙한 조각 솜씨가 오묘하게 서로 잘 어우러지는 데 있다. 슬픈 얼굴인가 하고 보면 그리 슬퍼 보이지도 않고 미소 짓고 계시는가 하고 바라보면 준엄한 기운이 입가에 간신히 흐르는 미소를 누르고 있어서 무엇이라고 형언할 수 없는 거룩함을 깊이 느끼게 해 주는 그것이 반가사유상의 모습이며 특징이리라.

인자스럽다, 너그럽다, 슬기롭다고 하는 어휘들 모두가 하나의 화음으로 빚어져 있어 관람자의 머릿속이 저절로 맑아지는 심정을 느끼게 되는 것이 바로 반가사유상 부처님이 중생에게 내리는 제도를 의미하는 것인지 모를 일이다.

두 점 반가사유상의 신비스러움과 아름다움에 젖어 '사유의 방'에서 다리를 내리고 발걸음이 쉽게 옮겨지지 않았다. 사유의 끝이 바로 길의 시작이기 때문이다.

먼 옛적 우리 조상들의 심미안과 통찰에 더하여 원숙한 예술혼이 창조해 낸 세계 제일의 반가사유상 앞에 서니 말로 다할 수 없는 민족의 자부심이 고양되어 남겨준 유산에 감사함을 넘어 선인들의 위대한 정신세계를 찬미하지 않을 수 없었다. 참 아름답고 성스러운 부처님을 뵙는 하루였다.

# 불탑(佛塔)

 사찰 입구나 동네 나들목 또는 당산 앞의 느티나무 같은 노거수 부근에는 조약돌을 던져 만든 돌무더기가 탑처럼 쌓여 있는 곳이 있다. 대부분의 사람들은 그 앞을 지나면서 탑을 쌓는 심정으로 돌 하나를 더 얹게 마련이다. 누구나 가슴에 간직한 염원이 있고 그 바람이 이루어지기를 소망하는 마음이 우러나 마음의 탑을 쌓는 행위를 한다.
 탑은 어떤 일을 새기거나 기념하기 위해 여러 층 또는 높고 뾰족하게 세운 건축물을 통틀어 일컫는 말이다. 탑이 세워져 있는 대표적인 곳이 사찰이다. 탑은 탑파(塔婆)의 준말이며 탑파라는 말은 고대 인도어인 범어(梵語, Sanskrit) 스투파(Stupa)에 어원을 두고 있다. 스투파의 원래의 뜻에는 신골(身骨)을 담고 토석을 쌓아 올려 봉안하는 묘라는 의미가 있다. 탑파란 석가모니의 진신사리(眞身舍利)를 봉안하기 위한 축조물에서 비롯된 것이다.

 불교 관점에서 탑의 생성과 의미는 석가모니 사후에 이루어진 여러 사연에서 기인한다. 석가모니가 열반한 후 그의 제자들은 유해를 당시 풍속에 따라 다비(茶毘)하였다.
 이때 인도의 여덟 나라에서 석가모니의 사리(舍利)를 차지하기 위한 쟁탈이 일어나게 되자 한 바라문이 나서서 중재하여 사리를 팔 등분하여 각 나라에 나누어 주었으며 그 사리를 받은 나라는 기념물을 세워서 보관하게 되었으니 이를 분사리(分舍利) 또는 사리팔분(舍利八分)이라 한다. 이때부터 사리 신앙이 싹트기 시작했으며 불탑의 기원도 이때부터 시작되었다.

석가모니 부처가 입멸한 지 수백 년이 지난 후, 대 인도제국의 아소카왕은 불사리(佛舍利)가 안치된 여덟 곳의 대탑을 발굴하여 사리를 다시 각 나라에 나누어 주며 전국에 널리 사리탑을 세우게 했다. 이를 계기로 아소카왕에 의해 넓은 지역에 불교가 크게 전파되게 되었다.

최초의 인도 탑들은 반구형을 이루어 마치 분묘와 같은 모양이었다. 석가모니의 사리를 묻고 그 위에 돌이나 흙을 높이 쌓은 무덤의 일종이었으며 인도의 산치(Sanchi) 지방에서 그 원형을 볼 수 있었다. 이렇듯 탑은 본래 원분형(圓墳形)을 이루고 있었으나 후대로 내려오면서 모양도 변화되었다.

탑의 기본 구조는 기단부, 탑신부, 상륜부로 이루어진다.

기단부는 탑의 무게를 받치는 역할을 하며 탑신부는 기단부 위의 몸체 부분으로 탑 조성의 핵심 목적인 사리를 봉안하는 곳으로 탑의 신앙성과 예술성을 가름하는 가장 중요한 부분이며 상륜부는 탑을 장엄하게 장식하는 부분이다.

탑이 종교 건축물이라는 관점을 넘어 예술적 감각과 기술력이 반영된 독보적 아름다움을 갖춘 석탑들은 규모와 정교함에 비추어 조성된 시대의 건축 기술과 예술적 역량을 여실히 보여준다. 기단과 탑신부만으로도 건립 당시의 웅장함과 아름다움을 헤아릴 수 있다.

기단부의 장엄한 구성과 탑신의 섬세함은 탑이 제작된 시대의 최고 건축 기술을 보여주며 국가의 융성과 권위, 불교 번성의 상징성을 나타낸 중요한 의미도 지녀서 오늘날에도 우리들을 매료시키고 있다.

우리나라의 불교 수용과 탑의 건립 경로는 중국을 거쳐 4세기 후반에 시작되었으며 인도와 중국과 달리 독특한 탑의 양식을 취했다. 한국의 고대 유적과 유물의 주류를 이루고 있는 것은 불교적 조형물이다. 이 가운데 중추적 위치를 이루는 것이 탑과 불상이다. 이는 탑과 불상이 불교의 예배 대상으로서 불교도들의 신앙과 정성이 모두 이곳에 결집하기 때문이다. 사원의 건립 목적이 탑을 세우고 불상을 모셔서 예배를 드리기 위한 공간 조성이라면 탑은 석가모니의 진신사리를 봉안하기 위해 건립되었으며 불상은 직접 그를 향해 예배를 드리는 대상이다. 현재까지 조사된 우리나라의 불탑은 1,000기 이상이라고 하며 탑을 건조한 재료에 따라 목탑, 전탑(塼塔, 벽돌탑), 석탑. 모전석탑(模塼石塔, 돌을 벽돌 모양으로 다듬어 만든 탑), 청동탑, 금동탑이라고 불리지만 우리나라엔 석탑이 대부분을 차지한다.

탑 가운데 서울 종로 탑골공원의 원각사 탑(국보 2호), 경주 분황사의 모전석탑(국보 30호), 불국사의 다보탑(국보 20호), 석가탑(국보 21호) 등 국보급의 아름다운 탑들이 여럿 있다.

아울러 석가모니의 진신사리를 모신 5대 적멸보궁이 있으며 그 가운데 통도사가 대표적이다.

탑을 두고 이루어지는 종교적 의례인 탑돌이는 탑을 중앙에 두고 오른쪽으로 동심원을 그리며 돌면서 사방에서 경건히 두 손을 모아 합장하며 예를 올리는 의례다. 삼국유사에 의하면 신라시대부터 탑돌이가 행해졌다 하며 오늘날에도 통도사의 금강계단, 법주사의 팔상전, 불국사에서 탑돌이가 성행되고 있다.

백담사 일주문 앞 수심교(修心橋)에 서서 설악동 계곡을 바라보면 염원이 이루어지기를 간절히 소망하는 마음들이, 작은 돌탑을 세워서 탑이 꽃처럼 피어난 곳을 볼 수 있다.

설악 산정으로부터 굽이굽이 흘러내린 물이 내설악의 수렴동 계곡을 거쳐 백담사 앞에 이르면 물의 흐름이 느려지며 모래톱을 이루었다. 옥(玉)처럼 맑은 물이 천혜의 설악 정기를 품고 흐르며 성소(聖所)를 이룬 이곳 모래톱에 수많은 작은 돌탑들이 세워져 있는 것이다.

기단이 되도록 납작하고 반반한 돌을 밑에다 깔고 주먹 크기의 돌을 찾아 탑신을 이루고 작은 돌들을 크기 따라 차례로 쌓아 탑머리를 이루었다. 백담사에 온 신도분들, 설악산 봉정암에서 기도드리고 오는 불자님들, 또 다른 염원 가득 지닌 보살님들이, 사랑하는 커플들이 이곳에다 그토록 많은 돌탑을 쌓았지 싶다.

그 돌탑에다 하염없이 기도를 올리는 보살들이 보인다. 무슨 사연, 무슨 염원이 저토록 간절해 돌탑을 쌓고 정성을 다해 기도하는 것일까? 이 광경은 눈물 나도록 성스럽고 거룩하다. 먼발치서 기도하는 모습을 바라보는 나그네도 숙연한 마음에 경건히 두 손을 모은다.

불상이나 탑 앞에서 예배를 올리는 일은 부처님을 경배하고 불자의 염원을 비는 일이다.
종교적인 성숙한 태도 여부를 떠나 중생은 미약하고 성취를 바라는 염원은 절실하다. 기복(祈福) 불교에 대한 비판적 시각을 접어두고서라도 자식을 위해, 가족을 위해, 조상을 받드는 마음에 불상 앞에서, 불탑 앞에서 정성을 다해 발원하고 예배를 올리는 지극한 정성은 존경받아 마땅하다.
중생은 늘 미혹하고 염원은 가슴에 가득하다. 그러기에 절대자를 향해 구원의 손길을 내밀게 되는 것이다. 석가모니의 분신(分身)이 머무는 곳이 탑이다. 탑은 경배의 대상이다. 어느 곳에서나 탑 앞에서는 경건히 두 손을 모으게 된다.

# 연꽃

연꽃은 고아하고 아름다워서 모든 이가 좋아하는 꽃이다.

불교를 상징하는 꽃이라 전국의 절 가까이에는 크든 작든 연못[蓮池]이 있어 철 되면 연꽃이 피어난다. 늪과 못에서 자라서 여름에 피는 연꽃은 원산지가 인도이며 중국 이름 연화(蓮花)에서 유래되었다. 연(蓮)은 연뿌리 마디마다 실뿌리를 내리고 뿌리가 진흙 속을 파고들며 계속 뻗어가는 풀이라는 이름에서 붙여졌다. 고대 중국에서는 부용(芙蓉)이란 이름으로도 불렸다.

연꽃은 7월 중순 무렵부터 꽃이 피기 시작하면서 아름다운 자태를 뽐낸다.

이때부터 전국의 연꽃 명승지에는 꽃을 보려는 사람들의 발길이 잦다. 알려진 연꽃밭으로는 충남 부여의 궁남지가 이름났고 전남의 무안군 회산백련지는 국내 최대의 백련 자생지로 흰 연꽃의 아름다움이 장관인 곳이다. 전북 완주군의 송광사 뒤뜰에는 9개의 연못마다 색다른 연꽃(홍련, 분홍, 백련, 미색, 연두 등)이 피도록 조성되어 있어 그 지역의 자랑거리로 매김을 했다. 경북 경산시의 영남대 동편 남매지 연지(蓮池)도 알려진 명승지다. 서울 가까이로는 경기도 남양주의 봉선사 앞뜰과 양평 나들목의 두물머리에 있는 세미원에 가면 연꽃 탐미가 수월하다.

 연꽃은 빛을 좋아하는 식물이기에 생명의 근원인 물과 태양과 필연의 관계를 맺고 있다.
 고대 이집트인들은 태초에 세상에는 물만 있었고 그 물속에 연이 있다고 생각했다. 가늠하기 힘든 깊은 곳의 맑은 물을 모든 생명의 근원으로 알았고 물에서 솟아난 연꽃은 생명 탄생과 부흥을 상기시킨다고 여겼다. 생명의 원천인 물에서 핀 연꽃에서 '황금처럼 빛나는 아이'로 태양이 떠오른다고 여겨 연(蓮)과 태양신을 같은 존재로 생각했다. 연꽃과 태양신을 연관시키는 것은 태양이 동쪽에서 뜨면 동시에 연꽃이 피고 서쪽에서 지면 연꽃도 오므리는 것에서 착상한 듯하다. 또한 진흙 속에 있는 뿌리는 지하의 세계, 물 위에 있는 줄기는 지상의 세계, 꽃은 대기 중에서 자라는 하늘의 세계라고 인식했다 한다.

 우리나라의 연꽃 역사를 헤아리는 데는 고구려 장수왕 때 세워진 강화도 백련사에 연꽃과 관련된 전설이 있다. 삼국시대에 인도의 고승이 기도 중에 백발노인의 지시를 받고 절터를 물색하였는데 강화도 고려산에서 다섯 색깔의 연꽃이 만발한 못[五蓮池]을 발견하였으며, 그 연못에 핀 꽃들을 공중으로 날리고 꽃이 떨어진 곳마다 백련사 등 연(蓮) 자가 들어간 절들을 세웠다는 전설이다.
 연꽃은 깨끗하고 고요한 선비의 꽃이다.

선비는 어진 성품에 늘 책을 가까이하는 사람이며 가끔은 거문고도 타고 풍류도 즐기는 차분하고 조용한 사람으로 여겼다.

　서안(書案)과 문방사우, 서책, 옷걸이 등이 놓인 선비의 방 가까이에서 자라는 연꽃은 어떤 자태로 선비의 마음에 담겼을지 궁금하다. 정화(淨化)와 안정(安靜), 속세의 소란스러움에서 멀리 떨어지게 하고 세상 번뇌를 씻어내면서도 사람과 자연이 조화를 이루는 아름다움을 느끼게 하지 않았을까. 물이나 뭍에서 자라는 풀이나 나무에서 피어나는 꽃 중에 아름답고 사랑스러운 꽃이 많겠지만 중국 진나라 때의 도연명은 국화를 가장 사랑하였으며, 당나라 사람들은 모란을 아주 사랑하였다고 한다. 그러나 중국 북송 시대의 주돈이(周敦頤)라는 사람은 연꽃을 사랑하여 애련설(愛蓮說)을 지어 노래하였다.

　'연꽃은 진흙 속에서 태어나 자랐어도 때 묻지 아니하고/ 맑은 물에 늘 씻기어도 요염하지 않는데/ 줄기는 곧게 솟아 있지만 그 속은 텅 비어 있고/ 넝쿨이 뒤엉키지 않으며 가지도 치지 않는다./ 향기는 멀어질수록 더욱 맑고/ 우뚝한 모습으로 깨끗하게 서 있어/ 멀리서 바라보아도 좋고/ 가까이 근접하여도 함부로 하거나 가지고 놀 수 없다.'라고 읊었다.

　꽃을 비유하는 말로 국화는 숨어 사는 선비에 비유되고 모란은 부(富)하고 귀한 사람을 비유했으며 연꽃은 모든 꽃 중에서 덕(德)이 높은 군자라 일렀다.

불교에서 보는 연꽃의 의미는 더한층 고고하다.

연꽃은 불교를 상징하는 꽃으로 칭송되며 오랜 수행 끝에 번뇌의 바다를 벗어나 깨달음에 이르는 수행자의 모습에 비유된다. 더러운 진흙탕 속에 처해 있어도 항상 맑은 본성을 간직하며 청정하고 지혜로운 자태는 부처를 상징하기도 한다. 이렇듯 불교에서는 연꽃을 특별한 꽃으로 추앙하여 불경을 연경(蓮經)이라고도 하고 부처의 자리를 연대(蓮臺) 또는 연좌(蓮座)라고도 한다. 불교예술에서 연꽃의 대표성은 정토(淨土)이며 상서롭고 자성청정(自性淸淨) 즉 스스로 청렴결백을 상징한다.

연꽃은 여름꽃이다. 물과 꽃의 정원인 연지(蓮池)에는 연꽃이 아름답게 피어 여름을 장식한다. 붉은빛을 띠는 홍련과 흰빛을 띠는 아름다운 백련이 대부분이지만 그 꽃잎의 아름다움을 표현하기에는 색채로는 모든 표현을 동원한다 해도 부족할 듯하다.

홍련은 꽃잎이 맑고 우아한 흰빛 꽃받침에서 피어나기 시작하여 위로 향할수록 분홍이 짙어지는 절묘한 균형으로 피어나니 멀리서 보면 분홍빛 연꽃이 된다. 홍련지에 피어난 분홍빛 연꽃의 단아하고 오묘한 매력은 마치 한복을 곱게 차려입은 여인의 모습을 연상시킨다.

백련의 순결하고 아름다운 꽃 매무새는 어떤 표현으로도 그 고고한 자태를 형언할 수 없기에 오직 바라보기만 하는 데서 멈추게 된다. 초록 연잎의 싱싱하고 강인한 생명력은 더위를 아랑곳하지 않는다. 잎은 흙탕에 물들지 않고 떨어지는 물방울을 구슬처럼 영롱하게 맺히게 한다.

아름다운 연못은 수련을 사랑한 '모네의 수련' 연못을 연상시킨다, 넓은 초록 잎 위로 예쁘게 피어 있는 분홍색과 흰색의 연꽃에서 향기는 멀리 퍼져 나가고 청결하고 고귀한 자태는 무더운 여름날의 더위를 잊도록 맑은 미소를 안긴다.

중국 옛 성현 장자(莊子)는 '물을 보면 마음을 씻고 꽃을 보면 마음을 아름답게 가꾸어 보라.' [觀水洗心, 觀花美心]는 말을 하였다.

연꽃의 아름다움에 잠기면서 마음에 새길 명언을 간직해 보는 연지(蓮池) 방문일의 소회다.

# 홍련암

바다가 그리우면 동해로 간다.

고속도로를 타면 세 시간 남짓 걸려 양양에 닿는다. 시내를 벗어나면 햇살 받아 윤슬로 빛나는 푸른 바다가 펼쳐져 있다.

양양군은 그 이름 속에 밝은 기운이 감돌고 볕이 찬란한 태양과 해양을 품고 있다. 동해를 앞 바다로 둔 해수욕장 뒤편에는 길이가 1킬로미터나 되는 해안 길을 따라 해송(海松)이 울창하여 바다와 숲을 나란히 두고 걸을 수 있는 호사를 누릴 수 있다. 펼쳐진 넓은 백사장은 일렁이는 파도와 흰 물결이 마음을 빼앗기에 부족함이 없어 사시사철 방문객이 머문다. 잘 정돈된 데크를 따라 걷다 바닷가로 내려서서 부드러운 모래를 맨발로 걸어본다. 발가락 사이를 간지럽히는 모래알, 파도가 머물다 간 젖은 모래땅의 감촉도 감미롭다. 바다에 발을 담근다. 가슴엔 희열감이 가득 차오른다.

해안의 북쪽 끝에는 낙산사가 있다. 신라시대 의상대사가 동해가 바라보이는 오봉산 자락에 지었다니 671년 창건 이래 1,300여 년의 세월이 흘렀다. 가늠하기 어려운 긴 세월을 버텨냈기에 세월을 초월하여 사랑받는 절로 자리매김하고 있다. 낙산사로 향하는 해안

길 바닷가 절벽 위에 의상대가 있다. 의상대에서 망망대해를 바라본다. 불어오는 바람이 옷깃을 스친다.

낙산사의 동해 쪽 절벽 아래에는 관음성지 홍련암이 있다. 낙산사에는 길마다 이름이 있는데 의상대를 거쳐 홍련암으로 가는 길은 '소원이 이루어지는 길'이라 불린다. 바닷가 소나무 숲길을 걷는 것만으로도 만족스럽지만 꿈과 소원이 이루어진다니, 길을 오고 가는 사람들 표정이 하나같이 밝다. 사찰에는 간절한 소원을 빌고자 온 불자들, 템플스테이 참가자, 호기심 어린 눈빛으로 이곳저곳을 둘러보는 여행자까지 다양한 사람들이 모여든다. '꿈이 이루어지는 길섶'에는 소원을 쓴 수많은 연두색 소원지가 바람에 팔랑이며 나부끼고 있다.

길 아래 바닷가엔 억년 세월을 파도에 부딪히며 견뎌낸 크고 작은 검은색 바위들이 옥색 물보라를 일으키고 있다. 해안가의 출렁이는 파도를 보다가 시선은 멀리 끝없이 펼쳐진 바다로 향한다. 대양이 바람에 실어 보낸 파도 소리는 우주의 숨소리요, 태고 이래의 원음이다.

봄철 낙산사엔 벚꽃이 만발해 있고 분분히 꽃잎 날린다. 낙화를 품에 받아들이는 바다를 보며 눈을 감는다. 아름다운 풍경은 눈으로 보기보다 가슴에 품을 때 더욱 멋지게 자리한다. 절이란 부처님이 자리한 도량이기에 절을 향해 길을 나설 때부터 순례자의 마음을 지니려 애쓴다. 절로 향하는 길이 아름다우면 절도 아름다웠다.

나는 사찰의 요사채에 머물기를 좋아한다. 동해로 와서 눈으로 보는 푸른 바다와 귀로 듣는 바닷바람 소리와 사찰의 풍경소리에 잠기길 좋아한다. 20여 년 전 홍련암 법당 옆에 붙박이로 있던 요사채의 2평 남짓한 뒷방에서 일주일을 머문 때가 있었다. 사찰에서는 하루 네 번의 정근 시간에 맞추어 스님 따라 예불을 드리고 기도를 올렸다. 기도는 자신이 한 줄기 향이 되어 우주와 하나가 되는 것이다. 기도란 삶에다 질서를 부여하는 것이다. 기도란 자신의 안과 밖을 법당으로 삼는 것이다. 그리하면 우리네 삶 자체가 바로 기도인 것이다. 기도는 삶을 주체적으로 살 수 있는 가장 훌륭한 방법이다.

어머님의 영혼이 머물렀던 홍련암, 어머님이 그리울 때는 바닷가 바위 위에 지어진 이 암자를 찾는다. 홍련암 법당에 모셔진 관세음보살 좌상의 온화한 미소는 속으로 끙끙 앓던 근심을 털어놓게 한다. 내시반청(內視反聽) 남을 탓하기보다 나를 돌아보고 남의 의견을 경청하라는 뜻을 되새기게 한다. 답은 언제나 자신에게 있음을 알아차리라고 가르친다. 사찰에서는 저녁예불을 드리며 하루를 마무리한다. 늦은 밤 작은 암자가 안겨주는 적막의 고요함과 파도 소리와 청아한 풍경 소리는 가슴에 쌓인 탐욕과 성내는 마음, 분노와 시기심을 가라앉혀 주었다. 마음속에 쉽게 지워지지 않는 어리석음의 찌꺼기를 조금이나마 가라앉히는 시간이었다.

바다 위로 달이 뜨면 외로움마저 공명(共鳴)의 노래가 되는 밤, 그리운 것은 모두 바다에 있는 듯, 가까워도 다가갈 수 없고 다가갈 수 없어도 가깝게 느끼는 그 거리에 그리움이 있다.

그리움이란 무엇인가 더구나 달빛이 바다에 비치는 날, 바다에 어리는 얼굴을 그리워한다는 것은 사랑이다. 그리운 것은 달빛 환한 밤하늘에서 오고 밤바다에서 빛난다.

　절을 향한 길을 걸으면 마음에 쌓인 무거운 짐들이 점차 씻기는 것을 느낀다. 마음이 가벼워지는 길, 절을 향해 가는 길을 그렇게 이름 짓고 싶다.
　사람마다 행복이 충만한 자신의 길을 걷고 있을까. 살아가는 과정이 아름다우면 인생 또한 아름답게 수놓아지는 것이 아닐까. 결과를 외면할 수는 없지만 결과만 추종한다면 살아갈 이유에 아름다움은 내포되지 않으리라 여긴다. 그러기에 인생의 길에 과정이 중요한 의미를 갖게 되는 것이다. 성급한 결과의 추종보다 하루하루의 일상을 순하고 꾸준히 점철해 가는 것이 필요한 이유다.
　인생은 언제나 하루하루의 과정을 엮어가는 것이다. 재화에 모든 걸 의존하기보다 스스로 가슴속에 아름다움을 쌓아가는 사람은 살아가는 일상에서 아름다움을 발견해 내는 사람이다.
　고통의 원인은 상황에 있는 것이 아니라 그 상황에 대처하고 해석하는 나름의 방식에 있는 것이다. 바다 앞에 서서 되새겨보는 삶, 마음을 바꾸면서 언제나 행복한 길을 걸을 수 있다는 믿음을 성숙시키며 살아가고 싶다. 세상 사람 모두가 자신의 길 위에서 행복해지기를 기도한다. 아침 바다가 행복을 뿌리며 찬란히 빛나고 있다.

# 석모도 보문사

석모도는 강화군의 서편 쪽 서해에 있는 아름다운 섬이다.

추억이 서린 이 섬과의 인연은 아주 오래전에 맺어졌다. 부산에 거주하시던 어머님이 서울로 나들이 오셔서 섬에 대하여 말씀하시며 하루 짬을 내어 섬으로 가자고 하셨다.

섬에 있는 보문사로 발길을 이끌었는데 이 절은 경남 남해의 금산 보리암과 강원도 양양 낙산사 홍련암과 함께 3대 해수 관음 기도 도량으로 이름난 명찰이다.

그때만 해도 40대 초반이고 불문에 낯설어하던 때라 독실한 불교 신자인 어머님을 모시고 가고 싶어 하시는 절에 다니는 일로 효를 흉내 내던 때였다.

석모도에 있는 보문사로 가는 길은 강화읍을 지나 서쪽으로 내달려 외포리 선착장에 닿으면서 시작된다. 그곳에서 건너편 석모도의 석포리 선착장까지 내왕하는 연안 여객선이 있는데 그 선박에 승용차를 싣고 여객도 승선하면 석모도에 입도할 수 있었다.

섬으로 가는 목적이 보문사로 가서 불공드리며 기도 올리는 일이었지만 불심 옅은 신자로서는 내심에 바다를 건너 섬으로 간다는 즐거움이 앞섰다. 더하여 새우깡 먹이를 쫓아 따르는 갈매기 떼들과의 만남 또한 빼놓을 수 없는 즐거움이었다. 석포항에 당도하여 보문사까지는 30여 분간 '바람길'이라 불리는 섬 둘레길로 가야 하는데 언덕지고 굴곡진 시골길이어서 도회를 벗어나 섬마을에 젖어드는 가슴을 열게 한다. 길 따라 언뜻언뜻 스치는 바다와 작은 어촌 풍경과 갯내들이 여행의 풍미를 가미시켰다.

석포리 항 가까이 좌측 편 바다에는 보석 같은 풍경이 하나 있다. 다른 섬보다는 크다는 뜻의 '대섬'이다. 이른 아침이나 오후에 느슨한 빛이 스며들고 때마침 밀물 때 되어 물까지 차오르면 호수처럼 잔잔한 수면에 반사된 대섬의 풍경은 한편의 풍경화 같다.

가을철 석모도 바람길은 한쪽에는 바다 윤슬이 빛나고 다른 한쪽으로는 가을걷이를 끝낸 전원 풍경이 펼쳐진다. 제방 아래쪽에서는 청아한 물소리 들리고 가을 들판에서 태우는 볏짚이나 마른 풀 냄새까지 바람에 실려 오면 몸과 마음이 소소해지며 여심(旅心)에 젖게 된다.

보문사는 신라 선덕여왕 4년(635)에 창건되었다고 전해진다. 경내로 들어서면 열반에 든 부처의 모습인 거대한 와불과 사리탑을 중심으로 오백나한을 먼저 마주하게 된다. 오백나한 옆의 석조사원인 '석실'은 보문사를 이름나게 한 명소다. 석실에 모셔진 불상에는 전해지는 전설이 있다. 섬에 사는 어부가 바다에 나가 고기를 잡으려 던진 거물을 올리니 돌멩이만 담겨 나와 고기잡이를 허탕 치고 돌을 내린 후 다음 날 다시 거물을 쳤으나 그날도 돌만 담겨 올라와 특이한 징조라 여겨 돌을 살피니 불상 모양이어서 그 불상을 절에다 옮겨 석실에 모신 것이라는 전설이다.

보문사를 명찰로 불리게 한 또 하나의 이름난 장소는 마애석불좌상이다. 대웅전 옆에 조성된 숨이 턱턱 막히는 420계단을 따라 10여 분을 오르면 낙가산 중턱 눈썹 바위 아래의 거대한 암벽에 새겨진 마애불을 만나게 된다. 서해를 품에 끌어안은 듯 인자한 표정으로 굽어 내려 보는 마애불이 수고롭게 올라온 중생의 불심을 헤아리는 듯 미소를 머금고 있다.

보문사는 서해에서도 손꼽히는 일몰 명소다. 마애석불 좌상 부근 전망대에서 서해로 떨어지는 장엄한 일몰을 감상할 수 있다. 일몰이 시작되면 하늘은 주홍빛이었다가 차츰 보랏빛, 푸른빛으로 색을 달리한다. 석모도가 왜 서해의 3대 일몰 명소인지를 알려주는 듯 어둠이 내릴 때까지 황홀한 색감으로 하늘을 채색한다. 썰물 때는 서해 쪽 광활한 갯벌에 드러나는 팥 빛 함초밭 또한 이 섬의 풍광을 아름답게 들어낸다.

갯벌이 안겨주는 또 한 곳, 가을 풍경이 장관인 장소가 칠면초 군락지다. 석포항에서 보문사로 가는 바람길의 중간쯤에 있다. 넓은 갯벌을 뒤덮는 해초의 일종인 칠면초는 밀물 때는 물에 잠겼다가 썰물 때 서서히 모습을 드러내는 염생식물인데 1년에 일곱 번 색을 바꾼다고 해서 붙여진 이름이다. 여름엔 녹색을 띠다가 초가을부터 붉은빛이 돌기 시작해서 시월이 지나면 비로소 자줏빛을 내며 포도주를 뿌려 놓은 듯, 붉은 카펫을 깔아 놓은 듯 강렬한 색감으로 군락지를 물들인다.

석모도를 둘레길로만 다니며 보아오다 더 높이 올라 섬 마루에서 멀리 있는 바다와 다른 섬들까지 보고 싶은 마음에 섬의 정점인 낙가산을 관통하는 종주 산행도 했다. 다정한 친구와 함께 서해를 바라보며 산길을 걸었던 기억은 젊은 날의 잊히지 않는 추억의 그리움이다.

세월 흘러 외포리 항구에서 석모도로 들어가던 뱃길도 끊어지고 이제는 1.4km의 석모대교가 개통되어 배를 타고 입도하던 섬 여행의 낭만은 사라졌다. 언제든 다리 하나만 건너면 석모도에 들어갈 수 있게 되었다. 하지만 예부터 다니던 외포항의 추억이 있어 돌아오는 길에는 발길이 머물 때가 많다. 옛적에는 수산물을 취급하던 조그만 가게들로 시장을 형성했지만, 오늘 날엔 외포항 수산물직판장이 대세로 자리 잡아 이름을 내걸고 있다. 뽀얀 새우젓을 수북이 쌓아두고 손님을 부른다. 3~4년 숙성한 추(秋)젓이 인기라 했다. 감칠맛이 있으며 적당히 짠맛이 나고 씹을수록 단맛도 느껴진다고 소개하지만, 아낙이 아닌 남정네야 그 진맛을 헤아리기 어렵다. 젓갈에서 눈을 돌려 꽃게, 대하 등 싱싱한 수산물에 더 눈이 가고 특산품인 속 노란 고구마에 눈길이 머물렀다.

아름다운 섬의 모습, 관음 기도 도량 보문사와 마애석불 좌상. 석실에서 정성을 다해 기도드리던 어머님의 모습과 낙가산 종주 산행 추억이 석모도에 잠겨 있는 눈에 어리는 그리움이다. 서해를 굽어보며 볼 수 있는 일몰 또한 석모도를 생각하면 떠오르는 장엄한 풍경이다.

  이 모두가 뇌리에서 지워지지 않으며 추억을 안겨주는 섬이 석모도이기에 발길을 멈출 수 없는 곳, 석모도가 오래도록 마음의 안식처로 자리 잡고 있다.

# 남해 살이

 남해에 와 있다. 남해에서 한 달 살기를 해 보자고 이곳으로 왔다. 남해라는 말은 한려해상국립공원을 품고 있는 남쪽 바다를 일컫기도 하고 행정상의 남해군을 지칭하기도 한다. 우리나라에서 다섯 번째로 큰 섬인 남해는 산과 바다가 조화를 이루어 풍광이 아름답고 다채로워 500년 전부터 꽃밭(花田)이란 별칭으로 불렸다. 남해는 천혜의 자연환경을 품고 섬 곳곳에 아름다운 마을을 이루고 있으며 순박한 사람들이 모여 사는 꽃 섬이다.

 남해로 훌쩍 떠나온 데는 무슨 사연이 있어서도 아니고 '그냥 오고 싶어서 왔다'라는 말이 어울릴까? 자신에게 체화된 성향에 역마살이 있는지는 헤아리기 어렵다. 다만 일상에 약간의 권태를 느낄 때나 지난날을 회상하면서 밀려드는 그리움도 달래고, 남은 날들을 위해 더 많은 사랑을 가다듬고자 남해를 찾은 것이다.
 동물들은 맹수에 쫓기면 무작정 앞으로만 달린다. 조금만 옆으로 방향을 틀어도 위험을 피할 수 있을 법도 한데 모두가 한 방향으로 내닫기만 한다. 사는 일도 크게 다르지 않다. 나이 들수록 어느 한 점만 바라보고 살기보다 짧은 시간이나마 시선을 다른 데로 옮겨 보는 것도 또 다른 의미를 부여하는 것이지 싶다. 시선을 옮기면 지난날을 뒤돌아보게도 되고 다가올 날들의 보람도 모색하게 된다.

 남해 섬으로 진입하는 데는 두 곳의 교량을 넘어 들어갈 수가 있다. 섬의 북쪽 하동 쪽에서 남해대교와 노량대교로 들어갈 수 있고 동쪽으로는 삼천포대교를 이용해 남해에 닿을 수 있다. 북쪽 대교들 아래로 노량해협의 거센 물살이 흐르는데 임진왜란의 마지막 전투인 노량해전이 있었던 곳이다. 인근에 이순신 순국 공원이 조성되어 있다.
 남해에는 두 발로 걸어서 섬을 살필 수 있는 걷기 여행길이 있다. 섬 전체 둘레를 연결하는 순환형 코스를 따라 걸으며 만나는 천혜의 자연환경과 관광 명소는 어느 한 곳도 놓칠 수 없지만 그 가운데서 여행객들에게 회자되는 몇 군데를 짚을 수 있다.
 남해 하면 널리 알려진 다랭이마을이 있다.
 '다랑이'는 해변 언덕의 비탈진 곳, 계단식의 좁고 긴 논배미란 뜻인데 남해 사투리로 '다랭이'라 부른다. 45도 경사진 비탈에 108개의 층층 계단으로 680여 개의 논밭이 바다 쪽에서 위쪽으로 조성되어 둘레길인 다랭이 지겟길로 향하고 있다. 자연이 준 그대로에 감사하며 척박한 땅을 일구어 살았던 선인들의 억척스러움이 지금까지 이어지고 있는 삶의 현장이며 시간이 흐를수록 자연이 빚어낸 가치로 빛나는 남해 여행의 백미가 된 곳이다.
 여행객들이 즐겨 찾는 곳, 독일 마을이 있다.

1960년대에 독일에 파견되어 한국의 경제발전에 이바지한 독일 거주 교포들의 정착촌으로 마을의 모든 주택이 독일식으로 지어져 이국적 풍경을 자아내고 있다. 파독전시관은 파독 광부와 간호사들의 삶의 흔적을 느낄 수 있는 곳이다.

남해에는 한려해상국립공원의 유일한 산악공원인 금산(681m)이 있다. 산에는 즐비한 기암괴석들이 절경을 이루고 있다. 고려말 태조 이성계가 이곳 금산에서 백일기도를 한 뒤 조선을 건국하게 되어 보은의 뜻으로 산 전체를 비단으로 덮었다 하여 금산(錦山)으로 부르게 되었다 한다. 이 산 정상 가까이에 살아 있는 사람의 소원을 들어준다는 관세음보살을 모신 보리암이 있다. 불교 3대 기도처 중 한 곳이라 불린다. 예로부터 보리암에서 기도를 드리면 한가지 소원은 이루어진다는 전설이 전해져서 사시사철 간절한 걸음걸음이 머무는 곳이다.

어릴 때 병약했던 아들의 수명장수를 빌어주신다고 어머님께서 생전에 자주 오셨던 곳이다. 어머님을 모시고 다녀간 곳이기도 해서 이번 방문에는 모정이 그리워 더욱 숙연해졌다.

섬 둘레길은 어느 한 곳도 아름답지 않은 데가 없다.

해변으로는 송림을 배경으로 초승달 모양의 아름답고 긴 백사장을 지닌 상주 은모래 해수욕장과 송정 솔바람해변이 빼어난 곳이다. 송림 아래에는 젊은 캠핑 마니아들이 남해의 정취에 흠뻑 빠져들도록 캠핑을 위한 시설들이 잘 갖춰져 있다. 백사장 가까이에 마련된 벤치에 앉아 바라보는 바다는 눈이 시리도록 희게 빛나는 은

빛 바다다.

　남해 창선면에는 동화마을 같은 언포마을이 있다. 이곳 계단식 고사리밭의 풍경은 언덕이 겹겹이 포개진 유럽의 마을 모습을 연상시킨다. 삶의 터전이면서 관광지 모습까지 갖춘 한 폭의 그림 같은 풍경이 발길을 붙든다. 가을날, 이 마을이 품은 별헤로(路) 위쪽의 전망대에 오르면 지천으로 피어 있는 구절초와 코스모스밭에 안겨 가을 사람이 되어 버린다. 멀리 창선 삼천포대교가 보이고 눈 아래에 보이는 작은 포구들은 옥색 물빛에 잠겨 있다. '튀니지언 블루'라고 불리는 그 신비한 색이 이런 물빛일까? 이 정경, 이 물빛이 추억으로 녹아들어 생애의 한 페이지를 장식할 것이다.

　남해의 조그마한 부속 섬인 '노도' 섬은 서포(西浦) 김만중이 귀양살이하다 최후를 마친 곳이다. 이곳에 서포 문학관이 있으며 '구운몽'과 '사씨남정기'의 편린과 더불어 그의 모친에 대한 효심 지극한 시구들도 접할 수 있다.

　내려온 지가 엊그제 같은데 벌써 한 달이 되어 떠날 날이 되었다.
　둘레길을 걷고 책 읽고 글 쓰고 명상의 시간을 가지며 가을을 보냈다.
　살아온 생의 회한은 하늬바람에 날려 보내고 굴곡진 생의 자국들도 가을 햇살에 말리며 섬마을의 고요에 잠겨 마음도 내리고, 푸른 바다의 청정함에 몸과 마음을 풀고 지냈다. 황혼 무렵이면 작은 어촌 항구 방파제에 다문다문 나섰다. 어둠살이 들면 먼 곳 저편 바다 건너 산머리에 붉은 기운이 가득하고 바다는 그 빛으로 울렁인다.

 살아온 날의 무거움을 내리고 살아갈 날들에는 쌓아 온 지혜로 내일의 다리를 놓을 것이다.

 죽어서 남을 푸른 영혼을 위하여 기쁨과 고통으로 얼룩진 이 육신에 방향제 품은 새 옷을 입히고자 하는 것은 다가오는 내일들을 위해 바치는 용서의 의식이다. 남해에 머문 이 한 달이 안으로 쌓인 불빛이 되어 남은 생을 인도할 것이다.

- 〈남해미래신문〉 제347호. (2024. 6.14.)

# 삶이 그대를 속이더라도

겨울이 막 떠나갈 무렵 친구로부터 카톡방을 통해 따뜻한 문자 편지 한 통을 받았다.

안부를 겸한 편지를 받으면 반가움과 더불어 기쁨이 앞선다. 편지 속에 시(詩) 한 편이 담겨 있어 기쁨을 더하면서 가슴이 훈훈해졌다. 그 시가 젊은 날 즐겨 암송하던 러시아 시인(詩人) 푸시킨이 지은 '삶이 그대를 속일지라도'였기에 더욱 반가웠다. 보내온 그 시로 인해 단박에 꼭 60년 전 대학 1학년 시절로 생각이 거슬러 올라 불현듯 그때를 회상하며 추억에 잠기게 되었다.

대학 입학 후 부산에서 서울로 올라와서는 학교 뒤편인 연희동에 자취방을 얻어 서울 생활을 시작했다. 숙소로 정한 그 집에는 자취생들에게 임대해 주는 방 4개가 나란히 붙어 있었고 방 앞에 마련된 좁은 마루 밑에는 방마다 난방과 조리용 화덕 역할을 겸할 수 있는 연탄아궁이가 마련되어 있었다. 방이라야 책상과 침구, 옷을 보관하는 가방이 자리를 차지하고 식사용 조리 기구까지 비치해 두어야 했으니, 친구와 더불어 두 사람이 살기에도 좁고 불편한 여건이었다. 그러나 그 시절 서울로 유학 온 학생들은 다들 그와 유사한 환경을 이겨내며 학창 시절을 보내는 일이 다반사였다.

그 방의 벽면 한 공간에 푸시킨의 시 '삶이 그대를 속이더라도'를 붙여 놓고 조석으로 또는 잠을 잊은 밤이나 친구들과 막걸리라도 한 잔 마신 날은 어김없이 호기롭게 그 시를 읊기도 했다.

삶이 그대를 속일지라도 슬퍼하거나 노여워하지 말라
슬픔의 날은 참고 견디면 기쁨의 날이 오리니
마음은 미래에 살고 현재는 언제나 슬픈 것
모든 것은 순간에 지나가고 지나간 것은 다시 그리워지리니
-푸시킨 「삶이 그대를 속이더라도」 1연(聯)

나이 스무 살인 그 시절의 삶이 그토록 슬픔의 날도, 절망의 날도, 우울하고 서러운 날만도 아니었지만, 처음으로 부모님 곁을 떠난 서울에서의 타향 생활은 밥 짓고 빨래하며 일상을 스스로 해결하며 살아내어야 했기에 서투르고 고단함이 깃든 신산함도 있었다. 그렇기에 때때로 밀려드는 서러운 감정을 다스리는 데는 이 시가 큰 위안이 되었음을 부정할 수가 없다.

푸시킨은 '러시아 국민문학의 아버지' 또는 '위대한 국민 시인'으로 불린다. 이 시에는 러시아의 어려운 환경과 사회 상황에서 고통받고 힘들어하는 사람들의 아픈 모습이 서려 있다.
그런데도 비관이나 체념이 아니라 좋은 날에 대한 간절한 희망도 함께 담고 있다.

살아있는 한 희망이 있다고 읊었다. 삶은 예상치 못한 어려움, 고통, 실망을 안겨줄 수도 있다고 했으며, 이는 삶이 항상 긍정적이고 행복한 경험으로만 채워지지 않는 현실을 인정해야 함을 일깨우고 있다. '속인다'라는 표현은 삶이 우리에게 거짓 약속하거나, 기대와는 다른 결과를 가져다줄 수도 있음을 암시한다. '슬퍼하거나 노여워하지 말라'는 삶이 우리의 기대와 다르게 흘러간다 해도 감정적으로 격렬하게 반응하지 말라는 뜻을 내포하고 있는 듯하다.

이 시는 쉬운 시어로 삶에 대한 진지한 시각을 드러낸다. 한 편의 시로써 삶에 지친 고단한 이들에게 따뜻한 위로와 충고를 전하며 좌절과 실의에 빠진 이들에게 꿈과 용기를 준다.

현재의 슬픔에 젖어 있지 말고 미래에 대한 희망과 믿음을 지닐 것을 강조하고 있으며 인생의 본질과 인간의 의식 깊숙이 자리 잡은 근원적 고독에 대한 성찰을 일깨우고 있다.

푸시킨은 이 시를 통해 절망, 고통, 이별, 희망, 기쁨과 재회가 공존하는 삶의 본질을 받아들여 순응하지 않으면 인간은 균형을 잃고 파멸의 현실을 만나게 될 수도 있음을 깨닫게 한다. 다소 감상적이기도 하지만 삶의 고달픔을 간단명료하고 아름답게 위로해 주기에 세기(世紀)를 초월하여 오늘날까지 많은 사람들이 위로를 받으며 애송하고 있다. 살면서 마주하는 슬픔과 고통을 참고 견디면 반드시 '기쁨의 날'이 오리라는 것이 시인의 핵심 전언(傳言)일 것이다.

누구에게나 현재는 슬픔을 안겨주기도 하며 모든 것은 순식간에 지나가나 지나간 날은 그리움의 대상이 된다는 것은 인간 삶을 깊이 통찰하는 데서 얻은 깨달음일 것이다. 그런 깨달음을 돋우어 마음을 미래에 두고 곧 오게 될 '기쁨의 날'을 생각하며 힘든 '현재'를 견디며 살라고 한 것이다. 그 어떤 것도 영원하지 않으며 그 어떤 것도 지나가기 마련이므로 현재의 슬픔이나 고통을 슬기롭게 이겨내라는 교훈적이고도 철학적인 잠언이다. 절망적인 현실마저 희망을 품고 살아가노라면 그 자체가 삶의 여정에서 얻을 수 있는 아름다움이기에 삶의 고통도 슬픔도 사랑하라고 읊은 것이리라.

이제는 나이가 들고 보니 생활에서 올 수 있는 슬픔이나 노여움, 설움마저도 가슴에 침잠되기 전에 걸러져서 슬퍼하거나 노여워하거나 서러워지는 마음 자체가 쉽게 자리하지 않는다. 이 시는 특별할 것도 없는 나지막한 목소리의 시(詩)지만 잔잔한 울림이 있는 묵직한 시이기에 한국인이 가장 사랑하는 해외 시 중의 하나로 회자하고 있다.

친구가 보내온 글은 근 2년간의 자취방 생활에서 수백 번도 더 읽으며 암송했던 그 시를 다시 되뇌게 하며 60년 전 그 젊은 날을 회상하게 해 미소를 머금었다.

현역 시절 일간지 기자로 활약했던 친구의 시 이해력도 일품이었지만 곁들여 담아 보낸 따뜻한 우정에 가슴이 훈훈해졌다. 그런 친구가 가까이 있음이 소중하고 행복이며 기쁨이다.

어딘가로 달려왔고 어딘가에 머무르기도 했던 시간 속에 가끔은 행복하기도 했던 시간이 머릿속을 스쳐 간다. 지금의 시간이 마지막 휴식처일 수는 없다. 내 손에 있는, 이 잔이 아직 비워지지 않았기 때문이다. 내 생의 남은 날에도 기쁨의 날은 오고야 말리니, 오늘도 그날들을 위한 기도로 하루를 내린다.

## 제3부

## 바다 앞에 서면

바다 앞에 서면
바닷길을 걸으며
봄날의 찬미
늦가을 산책
아름다운 담
바람의 흔적
맨드라미
배롱나무
보리밭
팔당호의 추억

# 바다 앞에 서면

일출을 맞으려 바다를 마주하고 있다.

하늘과 바다가 붉게 물들고 둥근 불덩이가 먼 곳 수평선에서 하늘로 솟아오른다. 새로운 하루가 창조되는 찰나의 순간이다. 망망대해를 앞에 두고 밀려드는 푸른 파도를 가슴에 받아들이고 있다. 언제나 그렇듯 바다 앞에 서면 그저 "아! 바다…."라고 부르면 그만이요, 더 이상의 말을 멈추게 된다. 망양(望洋), 바라보기만 해도 시원하고, 가슴 벅차서, 밀려오는 그 순수의 감정을 주체할 수 없어 오직 바라보기만 할 뿐이다.

길 아래 바닷가엔 억년 세월을 파도에 부딪히며 견뎌낸 크고 작은 검은색 바위들이 옥색 물보라를 일으키고 있다. 해안가의 출렁이는 파도를 보다가 시선은 저 멀리 끝없이 펼쳐진 바다에 이르기를 되풀이하고 있다. 바람이 불어온다. 바람 따라 파도가 밀려온다. 파도는 바람이 실어 오는 먼 대양의 언어다. 우주의 숨소리요, 태고 이래의 원음이다. 바다는 파도로 바람에 화답하고 있다.

해 뜨는 아침 바다 앞에 서면 기도하는 자세가 되고 끓어오르는 환희심에 가슴은 기쁨으로 넘쳐난다. 아침 바다는 그 바다 앞에 선 사람에게 격려와 소망을 안겨주며 충만으로 가슴을 뛰게 한다. 이

순간 이런 아침을 맞는 사람은 느낌의 부자가 된다. 동트는 새벽의 바다는 늘 깨어있기를 일깨우는 교훈으로 다가와 빈곤한 소유를 씻어주며 미미한 존재를 아름답게 가꾸며 무엇으로도 대체될 수 없는 이 세상 유일한 오직 한 사람의 절대 가치를 성숙시킨다.

바다를 바라보고 있으면 끝없이 펼쳐진 그 망망대해의 절대 공간이 인간이 지닌 삶의 공간이 얼마나 좁은지를 깨닫게 한다. 바다를 마주하면 출렁이는 바다와 파도가 내면으로 들어와 가슴을 넓히고 탐착과 이기와 부끄러움을 몰아내고 일렁이는 푸른 물결이 마음을 씻기고 어루만진다.

동해안 바닷길인 해파랑길 780km를 종주하면서 익힌 바다 사랑이 마음의 길이 되었다. 해안 길에 펼쳐진 풍광은 오랜 세월이 만들어 낸 퇴적의 흔적이며 부드러운 곡선 길이다. 부드러움이 직선을 이기듯 돌아가는 길은 길고 더디기도 하지만 곡선 길은 더 나은 운치를 지니고 있다. 그 길을 따라 펼쳐진 파도치는 바다 모습은 눈부시도록 아름다워서 어떤 미사여구를 써서도 그 절경들을 근사치로도 표현하기 어렵다.

바닷길을 걸으며 다져진 삶의 공고함이 인생길의 길잡이가 되었다. 파도는 끝없이 부서지지만, 부서질수록 더 깊어진다. 바닷길에서 익힌 성난 파도와 몰아치던 해풍의 모습이 이제는 삶의 굽이굽이마다 회상으로 다가와 흩어진 자세를 곧추세우며 담금질한다.

치열한 삶의 현장에서 빗겨 서게 된 나이가 되니 바다를 찾는 기회가 더욱 잦아졌다.

　쪽빛 바다, 멀리 펼쳐진 수평선을 바라보며 해조음 실려 오는 바닷바람을 맞고 싶고, 파도 밀려오는 해안을 거니는 생각만으로도 가슴이 설레어 길을 자주 나서게 된다. 무심한 마음으로 그냥 바닷가를 걷고 싶어서 바닷가로 나서는 것이다. 바위에 부딪히는 파도를 바라보며 아름다운 추억에 잠기기도 하고 무상한 상념들을 지우기도 한다.

　밤바다에도 나갔다. 오직 혼자만의 시간, 파도 소리만 들리는 곳에서, 가장 깜깜한 밤의 한가운데에 머물며 회상과 참회가 뒤섞이는 밤을 보냈다. 밤바다 앞에 서서 밤하늘의 별을 헤며 파도 소리에 잠기다가 등대 불빛을 보다가 집어 등 불빛 켜진 밤배가 쏟아 내는 생명의 실존을 가슴에 담았다. 해오라기의 오전같이 찬란히 빛을 뿜었던 영광의 시절도 생각나고 시련과 고뇌의 동아줄을 한 몸에 끌어안고 줄달음쳤던 젊은 날의 회오를 안쓰럽게 뒤돌아보기도 한 것이다.

　우울한 일상에 잠겨 가슴이 먹먹한 사람은 모름지기 바다로 나가 가슴에다 해풍을 담아 볼 일이다. 바다로 나가면 하늘의 말과 바다의 숨소리를 들을 수 있다. 파도 소리를 들으며 해변 길을 걸어 보라. 이마에 흐르는 땀방울은 시원한 바닷바람에 씻기고 도시의 공기로 탁해진 허파에는 갯바람이 채워질 것이다. 상쾌해진 가슴은 충만으로 가득 차며 후련함에 몸과 마음이 가벼워질 것이다. 바다로 나가 해풍에 실려 오는 그리운 이의 언어와 기억에 잠긴 사연들을 풀어내어도 좋으리라. 이루지 못한 꿈과 신산했던 삶의 안타까움이 고개를 들기도 하겠지만 바다는 풀어 헤치는 마음을 다독이며 한세상 살며 겪은 가슴앓이 명암들도 파도 속에 묻히게 할 것이다.

밤바다 어선의 등불이 돌아오는 아침이면 배에서 내리는 밤의 수확이 부둣가에 줄을 잇고, 근육질 팔뚝 지닌 어부의 붉게 탄 얼굴에 서리는 밤바다의 피로를 읽으면 도회의 하얀 얼굴은 고개를 떨구게 되리라. 갈매기가 친구가 되고 바닷가 돌쩌귀 사이에 자라는 풀꽃과 해국(海菊)의 살랑대는 청초한 모습도 보게 될 것이다. 있는 듯 없는 듯 바람결에 풍기는 풀 향기의 감미로움은 바닷가의 추억으로 반추될 것이다.

해변의 모래밭이 곱다는 걸 말로써만은 모른다. 맨 발로 모래알을 밟으며 그것을 느낄 때 처음으로 '현실'은 눈을 뜨는 것이라고 말했던 '앙드레 지드'의 '지성의 양식'을 되새겨 본다. 바다는 생명 그 자체다. 해변 위로 눈부신 굴절과 빛이 반짝인다. 파도가 밀려오면 '쏴 철썩' 그 한마디로 속내를 다 보여주는 바다! 세상 모든 것 다 받아 안으면서도 말없이 언제나 그날이 그날인 바다의 넓은 가슴에 안기기를 좋아한다.

해당화 꽃잎이 나비처럼 날아가 바다 위에 내려앉는 저녁나절에 바닷가에 앉아 수평선을 바라보고 있다. 사랑의 아픔처럼 마음에 그리는 선(線) 하나, 결국엔 아무 데도 없는 수평선 하나 그어 놓고 그리움인지 슬픔인지 그 해역 앞에서 혼자 지녀온 삶의 고뇌를 잠재운다.

바다 앞에 서서 작은 물빛 한 줄기 바다를 물들인 푸르른 그 빛을 가슴에 담으며 후련해진 가슴에다 생에 대한 찬미를 담을 일이다. 바다는 삶을 반추하며 우수와 위로가 잠기는 해원(海原)의 품이다. 바다는 새로운 열망을 추슬러 반짝이게 하는 영원한 모성의 가슴으로 남아 있을 것이다.

- 계간지 『선수필』 (2025. 가을호)

## 바닷길을 걸으며

해안 길에 펼쳐진 풍광은 오랜 시간이 만든 퇴적의 흔적이다. 어떤 미사여구를 써서도 그 아름다움은 근사치로도 표현할 수 없는 절경들이다.

그 길을 걸으며 소리 없이 쌓인 추억들을 가득 안고 동해안 걷기 여정을 종료했다. 거의 일 년 반에 걸쳐 16회 출타하여 46일에 걸친 동해안 해파랑길 780km를 걸었다.

시간이 흐른 뒤 어느 겨울날 눈이라도 펄펄 날리면, 해안가 마을 앞 바다에 잠긴 작은 섬, 해송과 산죽이 가득한 그 섬이 바라보이는 바닷가로 다시 달려갈 것이다. 바다에 닿자마자 눈 내린 작은 섬을 한없이 바라보며 방파제에 걸려 부서지는 파도의 포말, 태양이 미끄러지는 수면의 반짝임, 선창에 한가로이 묶인 배들의 물그림자를 보면서 바닷길을 걷던 날의 회상에 잠길 것이다.

해안 길을 걸으면 펼쳐진 푸른 바다를 가슴에 담아 들이게 된다. 일 년여를 바닷가를 걸으며 바라보고 눈에 담으며 가슴에 안겨든 파도와 흰 물결과 해안가의 검은 바위, 동트는 찬란한 아침 해의 모습 등이 가슴에, 몸속에 체화되어 있다. 부드러운 곡선의 해안 길은 어느 곳 하나라도 아름다운 운치를 지니지 않은 곳이 없다. 세상에는 숱한 길이 있다. 고샅길, 오솔길, 해파랑길 이름만 붙이면 길이 될 만큼 헤아릴 수 없이 많다. 우리 삶은 이토록 많은 길 위에 펼쳐진다. 이 수많은 길에서 펼쳐진 삶의 길이 인생길이다.

일상에서 벗으나 해파랑길을 걸으며 바닷가에 앉아 보는 일은 흔한 일은 아니지만 특별한 사연이 있는 것도 아니었다. 사람들이 하는 행위에는 꼭 어떤 까닭이 있어서 하는 것이 아닐 때도 있다. 바닷길을 걷고 바닷가에 머물렀던 일은 특별한 힐링의 시간을 가져 행복의 방편을 삼으려는 것도 아니었다. 그냥이었다. 무심한 마음으로 그냥 바닷가를 걷고 싶어서 이 길을 나선 것이다.

바닷가를 무념으로 진종일을 걸을 때도 있었다. 해안의 백사장을 걸어도 보고 해안가 바위에 앉아 하염없이 바다에만 시선을 두기도 했다. 바다를 마주하면 지나간 날들이 스멀스멀 떠오르기도 하고 밀려나는 물처럼 지워지기도 한다. 즐거웠던 일, 가슴 아팠던 일이 머리를 들다가도 슬며시 사라지곤 한다. 무시무종(無始無終)이라 했던가 어느 땐 바닷가에 앉은 자신마저 잃어버리고 하늘과 바다의 푸르름만 시야에 들어차서 이윽고 머리에도 마음에도 오직 그 푸르름만 가득해진다. 의식도 존재도 광활한 시공을 넘나들다 해체되며 무념무상 밀려오는 파도 속에 물거품 되어 사라진다.

서늘한 바람을 기대하면서 바닷물에 발을 담그고 무념으로 앉아 있기도 했다.

바닷길을 걸으며    121

가슴에 묻어둔 기억들이 밀려오는 파도를 타고 떠오른다. 아카시아꽃 만발한 계절, 가로 등 불빛이 발아래로 내리깔리던 그 밤길의 추억을 잊지 못한다. 비만 내리던 그 화요일들, 우산 없이 비를 맞던 거리의 우울, 최루탄의 매캐한 포연을 이겨 낸 날의 커피 향, 느닷없이 닥친 세상의 무례에 통곡하며 망각을 기도했던 그 밤의 슬픔을 애써 지웠다. 어느 해 시월, 이별의 그림자가 내리고 뜻도 풀 수 없는 한마디 단어를 던진 채 사라져 간 허망한 날의 기억들, 어쩌면 뇌리에 내재한 가슴 아픈 기억을 모두 잊고 싶었는지 모른다. 햇빛이 떠오르는 바닷가에서 창문을 열고 아침을 맞던 추억들은 지워지지 않는 한 폭의 그림으로 남아 있다.

맨발로 모래알을 밟기도 하고 먼 길을 걷는 데 따르는 시련과 인내, 돛폭이 찢기도록 꿈틀대는 사나운 대양의 바람을 맞을 때도 있었다. 길은 거울이 되어 여정 내내 삶을 반추한다.

길을 걷는 동안 시선은 안으로 향하고 풍화되어 가고 있는 전 생애의 발자취들을 되짚어 보기도 했다. 지난날의 찬란한 과거들과 어느 해의 찬란한 슬픔마저도 모두 자신이 이룬 삶의 궤적이다. 끌어안고 줄달음쳤던 젊은 날의 회오를 안쓰럽게 뒤돌아보기도 했다.

어쩌면 잃어버린 행복하고 열정 가득했던 지난날의 젊음을 두고 때늦은 후회가 치유될 수 없음은 안타까움이다.

자신을 객관화해 본다는 건 자신에 대한 하나의 새로운 관찰이요 발견이 된다. 평소에 너무 자신과 가깝게 지냈다. 그래서 정말 자신을 잘 모른 채 잊은 채 살았다. 좀 떨어져서 자신을 바라볼 기회를 마련하려면 우선은 일상을 떠나 낯선 길에서 낯선 사람이 되어 볼 일이다. 그런 시간을 갖는 것은 자기를 다시 살피는 시간이 되어 상실의 시간이 될 리 없다. 소슬한 바닷바람 맞으면서 한 편으로는 생에 대한 잔잔한 긍정의 물살을 다시 일깨우며 천상의 별이 향하는 곳을 따라 내 나름의 소중한 기도도 품어보곤 하는 것이다. 기억해 낸 감미로운 음악을 회상의 여울에 담으면서 애써 밤의 평화를 보듬고자 밤을 밝힌 것이다.

여름날 태양은 늘 빛났고, 파도는 자연의 섭리로 출렁이며 바다의 언어임을 알게 한다.

해변으로 무심히 다가오는 파도를 바라보면 밀물과 썰물이 다를 텐데 변함없는 물결처럼 여긴다. 그렇듯 세월의 흐름에 묻혀 세상도 자기도 잊은 채 살아오고 있다.

파란 하늘이 펼쳐져 있었다, 고요함과 가벼움마저 씻어낸 하늘은 무한히 푸르렀다. 저 무염(無染)한 푸름은 누구의 얼굴인가. 현악기에 바람이 스치는 소리가 들리는 듯했다.

줄 없는 현악기 소리는 존재의 생멸마저도 아무런 의미를 갖지 않게 한다. 하늘은 이미 두 눈 안에 담긴 풍경이 아니다. 나의 몸은 하늘의 한 조각임을 자각하면 수평선 너머의 하늘은 또 다른 세상의 절대 배경이다.

바닷가에 앉아 파도를 마주하면 파도 소리 끊임없이 이어져도 조약돌을 씻고 사라지는 파도에는 다시 손을 적실 수 없다. 분분히 흩어지는 물보라는 얼마나 슬픈 눈물로 짧은 우리 인생을 깨우치고 있는가. 세월은 다시 돌아갈 수 없다 해도 밤이 지나면 새벽이 오고 수평선 위로 태양은 다시 떠오를 것이다.

  다가오는 새날의 밀물에 다시 손을 적시며 누리에 밝게 빛나는 태양을 맞이해야 하리라.

- 계간지『문학춘추』(2022. 가을호)

# 봄날의 찬미

일 년 사계절 어느 철이나 자연이 베푸는 은혜는 한량이 없다.

4계절 중에서도 앙상하던 겨울나무에 연둣빛 잎새가 돋아나고 온화해진 날씨 따라 노란 산수화와 연분홍 진달래가 피고 지는 4월의 봄이 가장 정겹다.

T. S. 엘리옷은 4월을 가장 잔인한 달이라 읊었지만, 잔인한 그 사월에 새 생명이 움튼다.

겨우내 숨죽였던 마른 아픔과 시린 흔적 위로 꽃샘바람이 미소 지으며 스쳐 간 뒤, 따사로운 햇살이 얼어붙었던 대지와 입맞춤하고 봄비 뿌려 잠들었던 뿌리를 적신다. 흙더미를 헤치는 고통을 이겨낸 새싹들이 온 세상을 푸릇푸릇 풀빛으로 채우고 있다. 새 생명 탄생의 기운이 산에도 들에도 가득하다. 금빛 햇살에 아지랑이가 눈을 뜨며 봄기운을 안고서 아롱아롱 솟아오른다.

눈 들어 하늘을 바라보면 청량한 4월의 하늘이 맑고도 곱다. 따스한 햇살 맞아 산과 숲에는 연녹색의 축복이 내리며 천지에 산록(山綠)을 비추고 언덕과 계곡, 개천에는 봄의 왈츠가 흐르고 있다. 봄이 완연해지면서 하늘엔 태양이 찬란히 빛나며 초록빛 신록이 이

산 저 산, 이 언덕 저 언덕을 덮는다. 녹색 잎새에는 색의 청탁과 명암과 농담이 두루 섞여 셀 수 없는 여러 푸르름이 한데 어울려 넘실대고 있다. 산과 산, 나무와 나무, 풀잎과 풀잎 사이에 자연이 나누는 뉘도 모를 기쁨과 환희의 노래가 천지에 가득하다.

온 누리에 봄이 들어차고 꽃비도 내린 뒤라 가지엔 새순이 다투어 돋아난다. 계곡을 흐르는 물소리에 잠이 깬 풀꽃들이 길섶에서 다투어 피어나고 언덕과 밭두렁에도 연둣빛 새순들이 두런대며 기지개를 켜고 있다. 산과 들에도 봄볕에 눈을 뜬 풀잎들이 파릇파릇 꽃보다 예쁘게 피어나고 있다.

우리의 삶이 일상에 얽매여 푸른 하늘과 초록 숲을 잊고 살기에 십상이라 재물과 세속의 영화에 함몰되기에 여념이 없고 탐진치에 빠진 채 비소하고 세속적으로 살아가기 일쑤다.

대부분의 갑남을녀가 비록 자연의 거룩하고 아름다운 조화를 외면한 채 흉중의 욕망과 고통에 사로잡힌 채 살아간다 해도, 이 찬란한 봄날에는 잠시만이라도 세속의 일을 잊어도 좋으리라. 그리하여 하늘과 태양, 훈훈한 봄바람과 더불어 초록 향연을 펼치는 나무와 풀과 더불어 숨 쉬고 노래하며 살아보고 싶은 심사를 외면할 수는 없을 것이다. 이런 계절이 오면 할 일도 좀 밀쳐두고 비록 우정을 나눌 친구와 만날 일이 있다고 해도 자연 속에 안기기를 뿌리칠 수 없고 신록이 안겨주는 그 기쁨과 환희의 노래들에 귀를 기울이지 않을 수 없을 것이다.

봄이라는 계절은 사람들에게 기쁨을 주고 생에 대한 경건한 자세를 가다듬게 하는 힘이 있는 듯하다. 푸른 하늘과 초록 산빛은 나의 눈을 씻기고 머리를 맑게 하고 마음을 정화한다.

욕심과 무너진 자존감을 잠재우고 가슴에 쌓인 신산한 고통마저 잊게 한다. 푸른 하늘의 무한함과 찬란한 태양의 광명, 거룩한 산의 침묵과 겨울을 이겨낸 나무들의 인내가 초록빛으로 단장한 채 나의 머리와 가슴에 들어차게 되는 것이다.

따사로운 날씨 이어지고 연녹색 잎들이 짙어지는 이때가 되면 마중하고 싶은 희망과 기다리는 이의 소식이 없다 할지라도 맑은 하늘과 푸른 숲을 스쳐오는 봄바람이 내 바람 중의 어느 하나쯤은 안겨줄 듯한 기대를 숨길 수 없다.

나날이 푸르러지는 청계산 자락의 숲에 앉아 봄빛으로 물드는 앞산을 마주하고 있다.

소나무 사이로 하늘을 우러러볼 수 있고 계곡의 물소리를 들을 수 있는 이 자리를 좋아한다. 일상에 여유가 있을 때마다, 또한 시간을 내어서라도 이곳에 와서는 모든 것을 잊은 듯 앉아 있기를 즐긴다. 이곳으로 오면 하나의 거대한 생명의 숲에 잠기는 듯하다.

청명한 하늘은 더없이 맑고 숲과 계곡에 가득한 신록은 햇빛과 바람과 천지의 기운을 함께 모아 깨끗하고 신선한 생명의 광체로 생기를 돋운다. 이런 시간에는 나의 눈앞에도, 나의 가슴에도 초록 봄이 가득히 차오르는 것이다. 초록 잎들은 초록 지면(紙面)이다. 그 잎 위에다 봄 편지를 쓰게 된다. 더하여 나는 감각의 혼란도 잠재우고 가슴속에 안정과 조용한 희열을 느끼면서 마음의 평온을 찾을 수 있다. 이 자연의 비경 속에서 어느덧 자신의 본모습을 마주하게 되는 것이다.

봄의 숲은 성스러운 자리다. 신과 정령들이 숨 쉬고 싱그런 생명들이 태어나고 자라는 정결하고 거룩한 성소(聖所)이기에 이 자연의 품에 안기고 싶은 마음이 발길을 이곳으로 이끈다. 숲의 숨은 참 고르다. 적막만 미소 짓고 있다. 숲으로 들어서면 숲은 경건하고 고독한 공간임을 알게 되고 숲속의 나무들 앞에 서면 숙연해진다. 숲은 사물이 아니라 성찰의 눈길로 만나는 인격체로 다가온다. 신록의 숲 자체가 명상에 잠겨 있다.

인간과 자연은 본시 하나요 영원토록 오직 하나일 따름이다. 태양과 바람과 물과 땅, 나무와 풀, 이 모두가 생명체다. 다름이 있다면 자연은 탐욕을 모르고 거짓을 알지 못한다. 오직 사람만이 탐진치에 묶여 자연과 역사를 덧칠하며 살아가는 것이다. 흙은 인간의 살이 되고 살은 다시 흙으로 돌아간다. 사람이 지닌 피와 땀과 눈물은 샘이 되고 강물이 되어 바다로 흘러든다. 자연 속에는 삶의 잔해들이 조각조각 부숙되며 느린 숨을 쉬고 있다. 삶과 죽음이 공존하여 비로소 숲이 완성됨을 깨닫는다. 이 세상 여행 왔다 돌아가는 길에 폭 곰삭은 주검 되면 점점 더 낮은 곳에 닿아 이른 봄 양지바른 산 끝자락 어디쯤 꽃 한 송이로 피어나고 싶다.

4월은 초록 은총이 가득한 계절이다.

이 은총의 대지 위에 발 디디고 선 자신도 한 생명의 값을 해야 할 존재임을 자각한다.

나무의 맥박 소리를 듣는다. 내 손바닥에 피어 있는 파란 핏줄과 잔가지 끝까지 이어진 나무의 진녹색 맥에 귀를 기울인다.

찬란한 4월의 봄, 생명의 달이요, 부활의 계절이다. 4월은 어둠을 헤쳐서 빛으로, 죽음에서 생명으로 나아가는 계절이다. 4월의 숲속에 안겨 봄날을 찬미하고 있다.

- 선수필문학회 동인지 제11집 (2025.)

## 늦가을 산책



가을이 짙어가고 있다. 계곡을 타고 불어오는 바람에 가을이 얹혔다. 냇물도 아는지 한 옥타브를 낮춰 졸졸거리며 흐른다. 낙엽이 지면서 허공에 흔적 없는 파문을 남긴다. 바람이 억세 밭에 은빛 물결을 일으키며 길을 잃은 채 헤매고 있다. 가을이 오면 사람들은 풍경 속으로 더욱더 깊은 눈길을 주게 되며 마음속 심연으로 깊게 줄을 내리게 된다.

가을을 흔히 쇠락(衰落)의 계절이라고 한다. 찬 바람이 가슴에 와 닿고 발아래에 낙엽이라도 뒹굴면 까닭 모를 비애에 휩싸이게도 된다. 봄 여름 내내 햇빛을 받아 빛나던 나뭇잎도 가을 서리가 내리면 지쳐 쓰러지고 녹색 엽록소도 해체된다. 잎 속에 잠겨 있던 붉고 노란 색소들이 드러나면서 세상을 아름다운 단풍으로 물들인다. 일찍이 시인은 '초록이 지쳐 단풍 드는데'[1]라고 노래했다.

늦가을의 거리는 갈색으로 물든 플라타너스 잎이 뒹굴어 계절의 정취를 물씬 풍긴다.

바람에 우수수 떨어진 가로수 잎들로 거리는 스산해도 그 길을

---

1) 서정주 시. '푸르른 날'

걸으면 사색의 시간이 되어 머리와 가슴이 맑아진다. 그러나 그것도 잠시, 부지런한 미화원 아저씨들의 손길로 거리는 어느새 본래의 바닥 모습을 드러낸다. 낙엽이 뒹구는 길을 낙엽 소리를 들으며 자박자박 걷고 싶은데 계절을 지우는 듯해서 아쉬움이 남는다.

낙엽은 아름다운 색상으로 눈을 즐겁게 해주지만 낙엽 뒹구는 소리 또한 가을을 느끼기에 부족함이 없다. 아주 오래된 어느 날 어둠 내리던 늦가을 저녁, 백양사(전남, 장성, 내장산) 일주문을 나와 사하촌으로 향하는 포도 위로 떡갈나무 커다란 낙엽들이 바람 따라 쏠리며 내는 서걱대던 소리는 계절이 떠나던 이별의 울음이었다.

동네 부근 백운호수 쪽으로 난 개천 길가에 은행나무 가로수가 줄지어 서 있다. 이면 도로인 그 길 위로 떨어진 예쁜 노란색 은행나무 잎들이 가을을 더욱 아름답게 느끼게 한다. 노란색으로 치자면 맑고 짙은 은행나무 잎을 따를 것이 없지, 싶다. 산 밑이고 도로 옆에 개천이 흐르고 있어 공기가 맑은 까닭인지 지천인 노란 낙엽이 곱고도 예쁘다. 대략 2억 5천만 년 전에 지구상에 출현했다는 은행나무는 신생대를 거쳐 현재까지 남아 있어 살아있는 화석이라고도 불린다. 눈이 부시게 노랗게 물든 은행나무가 줄지어 선 길을 걷다 보면 마음도 함께 환해진다. 가을바람이 스치고 가서 노란 은행잎들이 우수수 떨어져 쌓인 아름다운 길이다. 이 거리가 눈이 내릴 때까지 그대로 남아 산책하는 사람들이 가을 정취를 오래도록 느끼면서 마음도 은행잎처럼 맑게 물들이면 좋겠다.

마을 뒤편 산길을 거닐다 작은 길로 접어들었다.

산자락에 피어 있는 쑥부쟁이 무리를 만났다. 청초한 연보랏빛 꽃잎이 청명한 가을 하늘과 조화를 이루고 있었다. 쑥부쟁이는 국화과 다년초로 산이나 들의 양지쪽에 가는 줄기를 곧게 세우며 자란다. 가을이 되면 계절 꽃으로 피어나서 은은한 향기를 풍기며 산길을 아름답게 장식한다. 가을철에는 국화과 식물인 구절초, 감국, 산국, 쑥부쟁이 등 다양한 들꽃들이 산야에 지천이다. 낮이 짧아지고 밤의 길이가 길어질 때 꽃이 피어나는 단일 식물들이다.

가을이 쇠락과 허무의 시간만은 아니다. 시인은 '국화 옆에서'로 가을에 피어나는 성숙한 삶의 경지를 노래했다. 국화꽃 그윽한 향기를 맡으며 삶을 추스르고 다독이는 게 가을에 할 일이다. 살다 보면 서러운 일이 가슴에 쌓이기도 하지만 가을 서리와 찬 이슬로 그런 설움의 떨켜들을 씻어내어 말끔해진 정신의 빛을 반짝여야 할 일이다. 가을에는 고독 속에 침잠도 해 보고 '섧게도 빛나는 외로운'[2] 순간을 누려도 볼 일이다. 긴 겨울로 가는 마지막 갈무리하듯 산길의 푸른 소나무 아래에도 솔잎 낙엽이 제법 많이 쌓여 있다.

바람이 분다. 늦가을 바람이 불어온다.

김훈은 수필 '가을바람'에서 '바람에 스치는 숲은 바람과 더불어 편안하게 풍화되어 가며 운명의 속내를 드러낸다.'라고 했다. 바람은 차츰 차가워지지만, 영혼을 뜨겁게 달군다. 바람이 불어서 수그렸던 삶의 의지가 어깨를 펴게 한다. '바람 소리는 바람의 소리가

---

[2] 서정주 시. '가을에'

아니라 바람이 세상을 스치는 소리'라 했다. 가을바람 소리는 마음 속에 깃든 소리까지 끌어낸다. 그래서 "악기가 없더라도 내 몸은 이미 악기다. 가을이 그러하다."라고 읊었다.

늦가을이 되면 사람들은 대부분 쏜살같이 지나간 시간 앞에서 머리를 긁으며 마음이 다급해진다. 해마다 이때가 되면 사람도 나무가 되어 생의 낙엽들을 털어낸다.

늦가을 11월이 되면 환승역에 머무는 기분을 느낀다. 지금껏 타고 온 열차에서 내려 새해라는 다음 열차를 기다리게 되는 대기실에 머무는 기분에 잠긴다.

늦가을, 바람이 이마를 스친다.

'바람이 분다, 살아야겠다.'[3]는 시구를 절로 웅얼거리게 한다. 고독이 동행하는 길 위로 바람이 불고 있다. 그 길 위에서 바람을 맞으며 그렇게 살아가고 있다. 산은 골을 만들어 물을 흐르게 하고 나무는 껍질 속에 벌레를 기른다. 이 한 해 동안 돌에도 숨결이 있는지 검버섯이 돋아났다. 산길에서 만나는 돌들을 한참 바라보다가 내려왔다.

언젠가 내 가고 나면 무엇이 남을 것인가! 어느 숲 눈먼 뻐꾸기 슬픔이라도 자아낼까?

곰곰이 뒤돌아보아도 내가 뿌린 재 한 줌만이 바람에 날리고 있으리라. 그것이 전부이고, 그것이 끝인 것을.

-『한국수필』(2023. 10월호)

---

3) 폴 발레리(Paul Ambroise Valery. 1871-1945. 프랑스) 시. '해변의 묘지'

# 아름다운 담

우리네 삶의 터전인 가옥이나 마을에 있는 담은 소유나 구획을 나누는 매개 역할을 한다.

담은 집의 둘레나 일정한 공간을 막거나 구분하기 위해 흙이나 돌 등을 쌓아 올린 구조물로 담장(-墻), 장옥(墻屋), 장원(墻垣)이라고도 불린다.

담장은 궁궐에도, 사찰에도, 서민들이 살아가는 마을에도 있다. 청명한 하늘을 배경으로 화사한 단청으로 치장된 궁궐의 전각 사이 사이에 담이 미로를 이루고 있다. 산속에 고즈넉하게 자리한 산사의 담들은 자연과 사찰이 조화롭게 어울리도록 두드러짐이 없이 소박함을 지녔다.

옛 농촌 풍경에는 하늘엔 흰 구름이 원무하고 검푸른 산을 배경으로 둔 마을에는 조가비 같은 지붕을 이고 울타리나 담이 둘러친 집들이 산재해 있었다. '치레한다'라는 우리 말이 있다. 잘 손질하여 모양을 내거나 꾸며 드러낸다는 뜻이다. 이 말이 아름다움을 상징하는 꽃과 어울려 치레한 담을 일컬어 꽃담이라 부르기도 한다. 꽃담은 주변에서 구한 돌과 흙을 쌓은 축담에다 오지와 도자, 기와, 돌 등으로 치레한 담이라 생활 속에 스며든 여유를 느끼게 한다.

꽃담, 말부터 참 예쁘다. 삶의 염원이 담긴 꽃담은 일반 백성의 주거지와 사찰, 궁궐에 이르기까지 그 영역을 넓게 펼친 문화유산의 자취다. 선조들은 토담을 쌓되 무너지지 않도록 중간에다 돌을 박거나 깨어진 기와를 섞어 무늬를 이루어 담을 치레했다. 담에다 치레한 여러 무늬는 문자, 그림, 동식물의 형상과 추상을 아우르며 이를 통해 장수와 길상, 요사스러운 귀신을 물리친다는 벽사(辟邪)의 의미마저 표현한 것이다. 담에 표현된 무늬들은 주변 건축이나 자연과의 조화를 염원한 삶의 표정들이었다.

담은 인간과 자연의 공존을 지향하며 만들어졌다. 담은 집주인의 성품을 드러내는데 출입을 제한하는 단절이 없고 높거나 위협을 주지도 않으며 소통을 염두에 두어 지나가는 사람들을 기꺼이 초청했다. 그 모습이 질박하면 질박한 대로 화려하면 화려한 대로 여유와 충만을 지녔다. 우리 조상들의 마음씨를 빼닮아 안쪽보다는 밖을 먼저 생각하고 타인을 위한 배려에다 삶의 여유도 품고 있다. 구분을 짓지 않고 열려 있어 경계를 두지 않는 환경예술이라 부를 만하다.

궁궐에 대한 해설에 귀를 기울이면 담을 대하는 안목을 키울 수 있다. 궁궐의 꽃담은 궐의 모양새와 멋들어지게 어울리며 후원(後園)과 자연을 적절히 구분해 아늑함을 안겨준다.

직선과 곡선의 치밀한 구성, 질서 있게 배열된 무늬로 아름다움을 더하면서 왕실을 상징하는 상서로운 동식물 모습도 가미해 위엄을 갖추었다. 경복궁 담은 장미와 같은 화려함을 드러내면서도 따뜻한 조화로움을 느끼게 한다. 궁내 교태전 뒤편의 아미산 동산을 연결한 담은 우아하면서도 단아하다. 창덕궁 낙선재 후원의 담은 당대 최고의 미장이와 벽돌공, 화원(畵員)이 공동 참여하여 기교를 부리고 공들여 만든 가장 아름답고 화려한 꽃담으로 회자한다. 낙선재 담들은 수선화 같은 은은함으로 지붕과 굴뚝이 함께 어울려 있어 아름다움을 더욱 느끼게 하는 꽃담이다. 궁궐의 꽃담은 대체로 화려하되 야하지 않아 은근한 멋을 풍긴다.

변방의 사찰과 민가 살림집에도 꽃담이 있다. 선가(禪家)에는 건축도 비움과 버림을 바탕으로 한다고 했으니, 사찰에서는 애당초 화려한 담 조성이 어려웠을지 모른다. 다녀본 사찰에서 받은 아름다운 담의 감흥들이 있다. 해남 대흥사의 화방담은 주먹 돌을 층마다 가지런히 쌓아 올린 후 벽에다 회(灰)를 발라 물방울무늬를 낸 돌담이다. 하동 쌍계사의 담은 우락부락한 괴석 위에 흙을 쌓은 나긋한 토담이 인상적인데 그 위로 비스듬히 쌓아 올린 기와가 무늬를 이루고 있다. 기와 조각으로 글자도 새기고 빗살 무늬, 동그라미, 마름모꼴도 형상화했다. 중간에 수키와를 한 쌍씩 맞댄 다섯 쌍의 꽃잎과 꽃대마저 더해진 꽃 한 송이가 잠겨 있다. 길상무늬 꽃잎으로 사바의 중생을 구제할 염원을 지닌 듯 소박한 운치를 품어 멋을 들어낸다.

사찰의 꽃담으로 치자면 낙산사의 장원(墻垣)이 으뜸인데 탈속의 꿈이 깃든 별무늬 꽃담이다. 강회와 진흙, 암키와를 차례로 다져 줄무늬를 내어 까만 밤하늘을 표현하고 사이사이에 단단하고 맑고 푸른 둥근 화강석을 박아 낭랑한 별을 수놓았다. 담장에는 별이 가득하다. 엄숙하고 규범적인 질서정연한 우주의 세계를 담았다. 우주의 운행이 거기에 잠겨 중생에게 시나브로 행복을 안겨주고 있음을 암시하고 있음일까?

　민가의 담은 집 안팎을 구분 지으면서 세상과 소통이 이루어지게 하는 열린 공간이다. 담으로는 싸리, 대나무, 탱자나무 등이 울안을 둘러싼 생울타리와 짚과 보릿대, 밀대, 수수깡과 갈대 등으로 만들어진 바자울도 있었다. 민가의 토담들은 깨진 기와를 꾹 찔러 넣어 질박한 무늬를 낸 흙담이 주류를 이룬다. 담 높이는 안채 마루에서 밖을 바라볼 때 눈높이보다 낮게 조성했다. 수키와와 암키와의 깨진 조각들을 적절히 혼입하여 무늬를 낸 와편 담, 작은 돌만을 쌓은 돌담, 흙을 쌓고 기와나 돌로 빗살 무늬를 낸 흙 돌담까지를 모두 꽃담으로 불러줄 만하다. 벽돌로 십자 무늬를 낸 영롱 담과 자연과의 교감과 관조를 위해 살창을 낸 담은 비움을 연출해 새로운 세계를 맞을 수 있게 했다. 담의 실질 기능이 방어, 분할, 경계라면 여기에다 내왕의 실속 기능까지 확장한 것이다. 이웃과의 소통에는 구멍 담도 한몫이다. 이웃에게 음식을 내 줄 수 있어 집 주인의 착한 심성이 이루어 낸 아름다운 담이다.

　이렇듯 담이 주는 공간을 치레하려는 인간적 욕구는 심미적 본능에서 비롯된다. 미적 취향, 심미적 감수성에다 미의식이 수반되면 무시무종의 세계와 불멸의 공간을 지향한다. 민가의 꽃담은 주인의 내면과 감정이 이입되어 자신들의 의지와 바람을 담아 꾸며졌으니, 삶과 개성이 투영된 담이다. 집주인이 스스로 만들어 낸 풍경이며 그가 지닌 미의식의 세계다.

　조선시대의 민가 꽃담들은 치레하였지만, 사회적 문화적 제약에서 오는 결핍 미가 있어 번잡하지 않고 잡스럽지 않다. 한국미의 보편적 특징인 소박미를 크게 벗어나지도 않았다.

　외부에서 볼 수 있는 아름다운 담과 달리 마음에도 담들이 있다. 미움의 담, 분노의 담, 그리움의 담 등 살아오면서 쌓아 온 담들이 꽃담으로 바뀌면 좋겠다. 얼룩 가득한 담들을 어이 해 꽃담이 되게 할 수 있으랴. 시린 마음의 담을 달래려거든 한 걸음으로 고택과 궁궐에도 나아가 볼 일이다. 조용함과 단아함에 젖으며 명상의 시간을 통해 그늘진 마음의 담은 허물어야 한다. 맑게 빛나며 훈기 스며든 마음의 꽃담을 만들 일이다. 그런 시간에 젖는다면 누구라도 반짝이는 별빛이 되고 소망은 교교한 달빛이 될 것이다. 꽃담으로 향하는 길목에서는 쉬어가는 여유를 누리며 한 박자 건너뛰는 심상으로 저린 기억도 지울 수 있는 세심(洗心)의 의지를 충전해야 한다. 삶이 더 마르기 전에 꽃담 닮은 향기로운 생을 가꾸고 싶다.

- 계간지 『선수필』 (2024 가을호)

# 바람의 흔적

 남해 섬에 있는 해안을 따라 조성된 둘레길을 바래길이라 부른다. 이 길은 해안을 따라 이어진 순환길이지만 남해 섬 안에서 오직 한 구간만 구간 전체가 내륙 산속으로 길이 나 있다. 길은 독일마을을 시점으로 섬의 남쪽 해안인 천하 몽돌해변이 종점인 일명 화전별곡(花田別曲)이라 불리는 길이다. 길의 시작점을 지나면 아름다운 자연환경 속에 원예 전문가들이 실제 살면서 개인별로 집과 정원을 작품으로 가꾸어 놓은 원예예술촌이 있고, 양떼목장인 양마르트 언덕. 남해 힐링 숲 타운과 국립 편백자연휴양림도 관통하게 된다. 그 길에 '바람 흔적'이라는 이름을 지닌 미술관이 있다. 미술관 이름의 상징성이 미술관으로 발걸음을 이끌었다.

 미술관은 둘레길 코스에서 벗어나 조금 낮은 곳으로 돌층계를 따라 내려간 곳에 자리하고 있다. 숲이 우거진 앞산을 마주하고 산 아래에 제법 큰 저수지가 있어 산과 저수지와 미술관이 나란히 배치되어 아름다운 경관을 조망할 수 있다. 미술관 건물을 에워싸고 저수지를 향해 설치된 커다란 철제 바람개비 7개가 미풍에 간간이 움직임을 보인다. 미술관에는 기획 전시가 열리고 있었지만 끌림을 주지는 않았고 관람객도 한산했다. 커피 한 잔을 들고 미술관 밖 잔디밭에 앉아 초록빛 앞산과 푸른 저수지 물빛을 바라보며 바람의 흔적을 더듬었다.

바람은 어디에다 흔적을 남기는가?

'흔적'이란 어떤 일이 이루어진 뒤에 남겨진 자국인데 그 단어가 주는 의미는 밝음보다는 어두움을, 들어내기보다는 숨김을 더 내포하고 있지 싶다. 말이나 단어를 대할 때 느끼는 감정이나 떠오르는 생각들은 살아온 궤적에서 체화된 삶의 무늬일 수 있다. 흔적이란 말을 접하면 지난날의 자취나 상처, 아픈 기억 등이 먼저 떠오르는 것은 살아온 삶에 얼룩진 결핍이나 핍진(乏盡)이 잠재된 탓인지 가늠하기 어려운 감정에 젖게 된다.

바람이 바다에 닿으면 파도를 일으키고 파도는 바위에 부딪혀 물보라를 남긴다. 해안가 모래사장에는 흰 물결 파도가 밀려오고 밀려난다. 강한 바람은 나무를 줄기 채 흔들고 실바람도 나뭇잎을 흔드는데 모두가 바람의 흔적이다.

밤바다로 나가면 파도 소리와 바람 소리, 먼 해원(海原)의 밀어를 뭍으로 실어 나르는 원음(原音)을 더 크게 느끼게 된다. 큰바람 태풍은 산을 무너뜨리고 해일을 일으키고 홍수를 나게 하며 삶에 커다란 상처를 남기기를 마다하지 않는다. 그러나 여름날 상쾌하고 신선한 바람이라도 불어오면 농부는 구슬땀을 들이고 가을에는 오곡을 여물게 한다. 바람이 들길에 들면 작은 풀꽃들은 청아하게 살랑대며 귀여운 모습을 남기는데 사람들은 이 흔적에 마음이 맑아지고 사랑의 감정에 젖는다.

　가을에는 바람 소리가 맑다. 바람이 숲으로 가면 숲이 소리를 내는지 바람이 소리를 내는지 분별하기가 쉽지 않다. 가을이 되면 바람이 가슴에다 파문을 일으켜 누구라도 그리움에 젖어 들게 하고 묻어 둔 추억에 잠기게도 한다. 가을바람이 은행나무에 닿으면 은행잎을 노랗게 물들이고 나무 아래에 노란 잎들을 쌓이게 하여 사람들을 서성이게 하고 만산홍엽 가득한 산으로도 이끌어 낙엽 날리는 바람의 흔적에 잠기게도 한다.

　남해 섬 둘레길을 걸으면 아름다운 해안에 바람이 불어 물결치는 파도에 넋을 잃게도 된다. 낮은 산등성이를 이어 나가는 오밀조밀한 굴곡진 작은 숲길에도 풀잎 흔들리고 낙엽이 휘날린다. 바람이 숲을 스치면 바람 소리와 숲의 속내를 드러낸다. 바람 소리에 젖은 채 길을 걷다 빛바랜 문학 감성에라도 젖으면 눈이 시린 가을 하늘과 옥색 바다를 바라보게 된다. 시 한 구절이라도 떠오르면 가슴에 그리움이 차올라 눈시울이 뜨거워지고 지나간 젊은 날의 향수에도 잠기는 것이다. 기억 속에 잠겨 있는 해안 길에 핀 해국(海菊)의 청초함, 코스모스 물결치던 가을날의 포도, 휘날리던 낙엽의 윤회, 사랑하는 이의 미소가 떠오른다. 이 모두가 바람의 흔적에 잠겨 있는 영롱한 그리움이다.

　눈앞에 산이 있고 저수지가 있고 미술관 사위는 고요하다.

　지난 세월의 자국들이 회상으로 떠오른다. 달리 도리가 없어 막막한 세상 붙들고 모순(矛盾)과 고통에 떨던 시간이 꽃 피고 지는 만큼 많았다. 회색 괴로움을 부둥켜안고 별이 쏟아지는 밤바다 해안에 앉아 생멸(生滅)의 인생사를 되짚어 보던 무상한 세월의 목리문이 있다. 지나간 시간의 내장을 들여다본다. 그곳에 잃어버린 시간의 그림자가 있다. 삐죽이 내미는 기억들이 보인다. 떠나보내며 잃어버린 푸르스름한 과거 속에 되살아나는 또 다른 상흔, 그것은 시간이 흘러도 지워지지 않는 잠겨 있는 흔적이다. 서러운 흔적들은 바람에 묻히지도 않고 무시로 머리를 든다.

  황혼으로 물들어 가는 세월의 바퀴에 얹혀살고 있다.
  바래지지 않는 남겨진 삶의 자국을 지우고 남은 날을 가다듬으려 남해 섬으로 왔다. 가을 따라 낙엽이 날리고 흰 구름 떠다니는데 어제도 가고 오늘도 흘러간다. 누구에게나 한 번 왔다가는 생의 여로가 서성이다 바람의 흔적 속에 묻혀질 것이다. 인생은 결코 멈춤이 아닐진대 모난 돌 다듬어지듯 사람도 다듬어 가면 그 인생은 결코 진부한 매듭을 남기지 않으리라 여긴다. 태어남이 하나의 약속이듯 나무는 푸르름을 남기고 꽃은 화려한 모습을 남기라는 약속이며 풀 한 포기 벌레 한 마리도 신비한 생명의 고리를 이어가며 살아낸 자취를 남긴다.
  사람으로 태어난 가장 큰 축복을 위해 어떤 흔적을 남겨야 하는가? 이 가을에는 태어난 그 약속을 위해서도 발걸음 곳곳마다 보람과 기쁨과 사랑이 자리한 행복한 삶의 흔적이 남겨지길 염원해 본다.

                                            - 『월간문학』 (2024. 3월호)

# 맨드라미

저물녘이 되면 일과처럼 산책길로 나선다.

청계산 계곡에서 발원한 물줄기가 동네 가운데로 흐르며 개천을 이루고 이 물길 따라 산책길이 조성되어 있다. 길을 나서면 계곡에서 불어오는 금풍이 소슬해서 청량감을 느끼게 하고 개천에 흐르는 청아한 물소리가 귀를 적신다. 시월이다. 가을이면 청둥오리 무리도 날아와 개천에서 한 철을 지내기도 한다. 이 길은 산수(山水)에 곁들여 바람과 물소리와 들꽃과 풀 내음 등 자연이 안겨주는 은혜를 조용히 누리며 행복해질 수 있는 길이다.

해 질 무렵이면 길을 걷는 사람이 늘어난다. 나뭇잎도 가장 따뜻해지는 시간이다. 다정하고 편안한 얼굴들은 길을 걸으며 건강하게 하루를 갈무리하고 있다. 산 아래에 드문드문 있는 집들도 불을 켜기 시작해서 사람 사는 동네의 풍경을 연출하며 밤을 맞이하고 있다.

사계절 내내 이 길 걷기를 즐기지만 가을에는 이 길을 더욱 좋아한다. 길가에 있는 조그마한 농막 가장자리에 피어난 붉은 맨드라미의 매혹스러운 자태가 마음을 머물게 하기 때문이다.

맨드라미는 독특한 형태와 강렬한 색감으로 사랑받는 꽃이다.

석 자 정도 자라는 원줄기 끝에 수탉의 볏처럼 풍성하고 부드러운 모양을 지닌 꽃이 핀다. 한 송이만으로도 특유의 풍만감을 지닌 꽃이 생동감을 느끼게 한다. 붉은색을 비롯해 흰색과 황색으로도 피고, 꽃 모양은 여우 꼬리 같기도, 촛불 같기도 한 맵시를 지니기도 해서 품종에 따라 여러 색과 모양을 갖추고 있다. 대종을 이루는 붉은색 꽃의 강렬한 색감을 바라보면 활기와 열정을 느끼게 된다.

맨드라미는 햇빛을 좋아하는 양지 식물이다. 강한 햇빛을 받으면 더욱 강건하게 자라고 빛의 양에 따라 꽃의 색상도 선명해지고 강렬해지는 꽃이다. 꽃의 학명(Celosia cristata)은 그리스어로 불타듯 붉다는 뜻이고 종명(種名)은 닭 볏 같다는 뜻이라 했다. 맨드라미의 한자어는 계관화(鷄冠花)로 닭 볏을 닮은 꽃이란 뜻이다.

꽃말은 영생, 시들지 않는 사랑이다. 아마도 강렬한 붉은색에 비추어 꽃말이 연유된 듯하다.

예부터 맨드라미는 주로 담 밑이나 장독대 옆에 심어졌다. 지네의 침입을 물리친다는 중국의 전설에서 비롯된 민속의 영향이다. 닭과 지네는 상극이니 닭 볏의 화신을 지닌 맨드라미가 피는 곳에는 지네가 얼씬도 못 한다는 주술적인 민속이 생겨난 까닭이다.

맨드라미를 좋아하는 데는 그 붉은 색깔에 매혹되기 때문이다. 크레파스 색깔이나 수채화와 유화 등에 쓰이는 물감들이 아무리 아름답다 해도 자연의 색을 능가하기는 어렵다. 맨드라미의 붉은색은 인공적인 어떤 물감으로도 그 색을 흉내 낼 수 없는 색이다. 꽃은 여름에 피기 시작할 때부터 색이 점차 짙어져서 늦가을 되어 절정을 이룰 무렵에는 색은 붉다 못해 검은빛을 띨 만큼 고혹해진다. 꽃에는 붉은색에 더하여 밝고 맑음까지 어리어져 있어 선연하고도 황홀한 꽃의 자태에 마음을 빼앗기고 탐닉하게 된다.

맨드라미는 여름부터 피기 시작하여 가을 늦게까지 피는 꽃이라 서리를 업신여기는 국화와 함께 가을을 알리는 대표적인 화초로 여겨진다. 꽃이 고운 데다 피어 있는 기간마저 길어서 더욱 사랑을 받는다.

맨드라미를 좋아하는 또 다른 끌림이 있다. 이 꽃은 정원에서 가꾸어지거나 화환이나 꽃다발로 쓰이는 융숭한 대접을 받는 꽃이 아니다. 사람들의 눈을 피해 들판이나 외진 길가에 피어나는 꽃이다. 장미나 목련처럼 만인의 환호와 사랑을 받지도 않고 나무나 줄기를 지니지도 않은 한해살이 꽃이다. 한갓 풀처럼 자라지만 제 모양 제 빛깔을 뽐내지 않으면서도 고운 자태로 꽃의 일생을 다하며 자연의 순리에 순종하는 꽃이다.

맨드라미는 옛적부터 문장가들에 의해 아름다움이 읊어져 왔다. 고려시대의 시인 이규보는 맨드라미를 사랑하여 여러 편의 시를 남겼다. '닭이 이미 꽃으로 변화하였다'라고 노래하면서 서리를 이기는 국화와 견줄 만하고 꽃의 빛깔은 명주에 짙게 붉은 염색을 한 것 같다며 아름다움을 칭송했다. 추사 또한 맨드라미를 좋아하여 '계관화'란 시를 남겼는데 시의 끝 구(句)가 '장독대 이편저편 운치를 더했거니. 희고 붉은 봉선화와 함께 피어 있구나.'라고 읊었다.

수탉과 계관화(맨드라미)가 짝지어진 그림은 명화의 하나로 여겨지며 관상가관도(官上加官圖)라 하는데 관 위에 관을 더한다는 의미로 입신출세의 의미를 뜻한다.

길가에 핀 맨드라미를 처음 만난 때부터 그 밝고 맑은 붉은색 열정의 자태에 환호하며 꽃의 아름다움에 빠져버렸다. 한여름 되어 꽃대 위에 자그마한 꽃이 피기 시작해서 나날이 꽃이 커지며 붉은색이 짙어지는 그 꽃모습을 보고 싶어 산책길에 있는 맨드라미 터로 나서는 것이다.

꽃이든 사람이든 좋아하여 한번 빠지면 쉽게 헤어나지 못하는 성향이 맨드라미를 더욱 흠모하는 까닭이지 싶다.

산 아래의 농막 주위에 한 스무 그루 남짓한 맨드라미가 붉은 꽃무리를 이루어 장관인데 그 화려한 모습이 사람들을 산책길로 유혹한다. 그 꽃을 보려고 다가가 고개를 숙이고 허리를 낮춘다. 삶의 모습도 무릎을 굽혀야 더 잘 볼 수 있다. 가을이 짙어져 밤 기온이 떨어지면 꽃 색은 더욱 화려해져 황홀한 분위기를 연출하며 강인한 생명력을 느끼게 한다. 붉은색 맑고 고운 맨드라미는 불타는 단풍에 못지않은 가을의 백미다.

맨드라미는 독특한 외형에다 강렬한 색감과 오랜 개화기간에다 상징적 의미와 생장 특성 등으로 다양한 면의 매력을 갖춘 꽃이다. 거친 바람과 소나기에도 강건해서 기개 있게 더위를 이겨낸 후 늦가을까지 피면서 산책길을 생기 있게 하고 긍정적인 에너지를 전달해 준다.

꽃 그 자체가 하나의 예술 작품 같은 느낌을 주며 기쁨을 선사하는 사랑스러운 꽃이다.

올해 가을이 가면 나는 또 맨드라미가 피어날 다음 해의 가을을 기다릴 것이다. 그 꽃을 다시 보게 될 즐거움에 가슴 부풀며 풍성히 가을을 느끼게 될 것이다.

# 배롱나무

무더위가 시작되면서 캠퍼스와 도심 여기저기에서도 배롱나무꽃이 피기 시작했다.

화무십일홍(花無十日紅)이라지만 배롱나무는 한여름부터 피기 시작해서 늦가을까지 약 백 일 동안 붉은 꽃을 피운다고 해서 처음엔 '백일홍 나무'라고 불렀지만, 세월 흐르는 동안 소리 나는 대로 불리면서 배롱나무라는 한결 예쁜 이름을 얻었다. 배롱나무는 한창일 때 붉은 꽃이 나무 전체를 뒤덮으며 불타는 듯 피어난다. 멀리서 보면 마치 진분홍 구름이 내려와 머무는 것 같다는 표현이 있다. 배롱나무는 높이가 5~6m 정도로 구불구불 굽어지며 자란다.

꽃은 홍자색이 대표적이다. 꽃을 자세히 보면 다닥다닥 달린 콩만 한 꽃망울이 터지면서 꽃잎과 꽃술을 넓게 펼치는 형태다. 가지의 끝부분에 수많은 꽃송이가 모여 원뿔 모양 또는 원형 꽃차례를 형성하며 피어난다. 한 개의 꽃은 6개의 꽃잎을 지니며 3~40개의 노란 수술과 1개의 암술이 달려 있다. 꽃잎에는 주름이 있으며 종이 같은 질감을 가지고 있다.

배롱나무는 7월부터 늦가을까지 꽃을 피우는데 붉은 꽃은 불타는 여름의 정열이다.

　한송이 작은 꽃이 떨어지면 곁에 있는 다른 꽃송이가 입을 연다. 그래서 한 번 꽃이 피면 오랫동안 지속해서 꽃을 피워내는 특징이 있다. 꽃 하나하나가 실제로 백 일간 피는 것이 아니며 작은 꽃들이 연속해서 피기 때문에 계속해서 피는 것처럼 보인다. 여름 내내 붉은 꽃이 불꽃처럼 타오르는 모습에 바라보는 사람들의 그윽한 눈길 따라 여름도 깊어져 간다.

　줄기는 매끈하며 나무껍질이 벗겨지는 특징이 있다. 옅은 갈색의 껍질이 얇게 벗겨지면서 흰색 무늬가 생긴다. 줄기의 매끈한 표면이 얇고 부드러워서 마치 간지럼을 잘 타는 피부 같아서 간지럼 나무라는 별칭도 붙었다. 나무는 바람 때문인지 아니면 제 붉은 꽃에 꽂히는 숱한 눈길이 부끄러운지, 온종일 나뭇가지를 살랑댄다. 배롱나무 원산지는 중국이며 한자로는 자미화(紫微花)라 불린다. 가을이 되면 잎도 붉게 물들어 아름다운 단풍을 보여주는 낙엽 활엽수 교목이다.


　배롱나무의 꽃말은 긴 개화기간을 의미하듯 끈기와 인내다. 오래 사는 나무라는 점에서는 장수와 부귀의 상징으로도 여겨진다. 한편으로 배롱나무의 긴 개화기간은 인연이나 관계의 오랜 지속을 일깨우며 그 인연의 시간을 오래도록 유지하라는 뜻도 담고 있다.

　우리 선조들도 배롱나무가 부귀를 가져다준다고 믿었다. 그런 까닭인지 유독 고택에서 배롱나무를 더 많이 볼 수 있다. 사찰과 서원에서는 배롱나무를 청렴의 상징으로도 여긴다. 배롱나무 스스로 껍질을 벗는 데서 비롯되었는지 배롱나무가 껍질을 벗어 버리듯 스님도 세속을 버리라는 뜻이라 했다. 서원에 배롱나무가 많은 까닭은 학자들은 겉치레 없이 알몸으로 서 있는 배롱나무처럼 가식 없는 순수한 본질을 닮으라는 숨은 가르침에 연유한다.

조선시대에는 각종 기념 공간에 배롱나무가 많이 심어졌는데 변치 않는 마음인 단심(丹心)을 드러내라는 뜻이라 했다.

배롱나무가 많이 있는 곳으로는 안동의 병산서원, 담양의 명옥헌(鳴玉軒) 원림(園林), 사찰로는 고창 선운사와 장성 백양사 일주문 입구의 배롱나무 군락이 이름나 있다.

배롱나무에 얽힌 선문답이 있다. 한여름 하안거 철에 백양사를 찾은 신도가 스님에게 질문을 던졌다. '수양 공간인 절에다 왜 이렇게 산란한 붉은 꽃을 많이 심었느냐'라고 물었다.

스님이 대답했다. '하안거야 고작 90일간 용맹정진하는데 저 백일홍은 백 일 동안 흐트러지지 않고 정진하고 있으니 저 꽃이야말로 부처꽃입니다'라고 답했다고 전해진다.

백일홍은 생물학적 분류로는 부처꽃과(Lythraceae)에 속한다.

배롱나무는 아름다움과 강한 생명력으로 인해 문학작품에서도 이별과 그리움, 그리고 '잊지 않겠다!'는 마음을 표현하는 은유로 자주 등장한다.

조선 세종 시대에 지어진 원예서[양화소록(養花小錄) 강희안. 지음]에서도 "비단 같은 꽃이 노을처럼 곱게 뜰을 휜히 비추면서 사람의 혼을 빼놓을 정도로 아름답다."라고 표현했다.

피어서 열흘 아름다운 꽃이 없고/ 살면서 끝없이 사랑 받는 사람 없다고/ 사람들은 그렇게 말을 하는데//

한여름부터 초가을까지/ 석달 열흘을 피어 있는 꽃도 있고/ 살면서 늘 사랑스러운 사람도 없는 게 아니어//

---/ 가만히 들여다보니//

한 꽃이 백일을 아름답게 피어 있는 게 아니다/ 수없는 꽃이 지면서 다시 피고/ 떨어지면 또 새 꽃봉오릴 피워 올려//

---

온몸 다해 다시 꽃을 피워내며/ 아무도 모르게 거듭나고 거듭나는 것이다 (도종환, 「목백일홍」)

'한여름의 청순한 화신 되어 온몸으로 다시 피어 선혈이 낭자하듯 폭죽처럼 피어난 꽃이여!'

피고 지는 것이 서로 마주치지 않도록 아무도 모르게 혼자 피고 지고 또 피면서 백일, 그렇게 우리 곁에 머물러 주는 꽃이다. 꽃피는 일이 일생의 전부인 배롱나무가 제 속엣것 모두 퍼주고 나면 배롱나무는 골격만 남는다. 나뭇가지는 너무 단단하게 말랐다. 추울수록 맨몸이 도드라져 보인다. 한겨울 맨몸으로 견딜수록 뜨거운 여름내 휘둘리지 않고 오히려 꼿꼿하게 꽃으로 붉게 붉게 사는 나무가 배롱나무다.

화려하지만 과하지 않고 우아하면서도 친근한 느낌을 주는 배롱나무는 과거부터 현재까지 많은 이들로부터 꾸준히 사랑받고 있다. 앞으로도 계속해서 사람들의 생활 속에 풍경을 만들어 갈 것이다. 열흘이면 꽃은 다 진다는데 제 속에 열흘 된 것들을 다 떨구어도 다시 꽃으로 피어나 환한 웃음 짓는 배롱나무 속을 알려면 얼마나 더 살아야 할까?

배롱나무 풍경 앞에 발걸음을 멈추고 서면 헛된 자신을 바라볼 수 있다. 배롱나무 아래 앉으면 아등바등 사는 것이 다 유치해지기도 하고 희어져 가는 백발에 미소를 지으며 설익은 인생의 냄새를 맡기도 한다. 몸에 두른 겉피도 없이 홀연하고 가벼워서 내일이라도 하늘로 날아갈 것 같은 백일홍은 환한 얼굴이다. 꽃이 아름답게 빛나고 향기 사위에 서렸다.

나이는 겉으로 드러나지 않은 채 먹은 나이라야 제 맛이 난다고 했는데 가벼워지지 않는 일상에 묻힌 얼굴은 언제쯤에야 환해질 수 있으랴. 지친 사람이라면 한 백일쯤 그렇게 배롱나무를 사랑해도 좋겠다. 배롱나무 아래 앉는 날이 많아질 것 같다.

## 보리밭

봄날 한낮 햇볕이 제법 따사롭다. 풀들이 사춘기 아이들처럼 풋풋한 계절이다.

보리밭이 가벼운 바람에 몸을 맡긴 채 흔들리고 있다. 들판에는 청보리가 초록 물결 되어 출렁인다. 어찌 바다에만 파도가 있으랴. 들판에 청보리 넘실대는 거대한 바다가 자리하고 있다. 청보리밭 자체가 시(詩)고 노래라고도 했으니 넘실대는 청보리밭 앞에 서면 누구라도 시인이 되고 가수가 되지 싶다. 가곡 〈보리밭〉이 떠오르며 저절로 노래를 흥얼거리게 된다.

'보리밭 사이 길로 걸어가면/ 뉘 부르는 소리 있어 나를 멈춘다.
옛 생각이 외로워 휘파람 불면/ 고운 노래 귓가에 들려온다.'[1]

보리밭은 그리움이다.

가곡에 덩달아 초록 물결 청보리밭 들판이 마음마저 설레게 한다. 청보리밭이 잃어버린 채 살아온 세월의 풍경을 반추해 낸다. 스쳐 온 아득한 세월, 잊힌 추억들이 아스라이 솟아나며 그리운 마음

---
1) 가곡 〈보리밭〉 박화목 작사. 윤용하 작곡

에 고향이 담긴다. 종달새를 쫓던 소년이, 밭둑에서 나물 캐는 소녀가 그곳에 있다. 푸르고 순수해서 누구라도 사랑할 마음을 지녔던 볼 붉은 소년의 모습도 떠오른다. 이제는 이름조차 희미해진 동우(童友)들의 얼굴이 어린 시절의 기억 창고 언저리를 맴돈다. 참꽃을 훑어 먹으며 '진달래 봄'이라고 외치던 친구 모습이며, 찔레 순을 꺾어 먹어도 허기지기만 하던 시절을 회상하면 기어이 눈물 젖은 단어가 떠오른다.

보리밭을 바라보면 눈시울이 뜨거워지는 보릿고개가 아려온다.
보리는 10월 말이나 11월 초에 파종된다. 동짓달이 되어서는 성장을 멈추고 눈 속에서 봄을 기다린다. 겨울을 이겨 낸 보리는 새봄과 더불어 자라나서 4월 중순이면 이삭이 패기 시작하고 싱그러운 초록을 자랑한다. 이때는 보기만 해도 예쁜 것이 '청춘'을 닮았다. 누렇게 익기 전 초록색 한창때의 보리가 보리의 청춘 시절이고 청보리라 불리는 이유다. 오늘날엔 청보리밭 정경이 관광코스로 알려지기도 하지만 배고팠던 시절에는 하루라도 빨리 청보리가 익어가길 기다렸다. 청보리가 누렇게 변하기 시작하는 오뉴월을 바로 그 서러운 '보릿고개'라 불렀고 이때의 농가 생활은 식량 사정이 고비였다. 지난가을에 수확한 양식은 바닥나고 보리는 미처 여물지 않았는데 먹을 것이 떨어진 계절로 '춘궁기'라고도 했다. 오늘날엔 보릿고개란 말이 실감 나지 않고 식생활 모습도 많이 바뀌어 쌀이 남아돈다. 1950년대만 해도 보릿고개란 연례행사처럼 찾아들던 농촌의 빈곤 사정을 나타내는 말이었다. 절량농가(絕糧農家)란 식량이 떨어져서 굶고 있는 농촌 가구를 뜻하는 말이다. 그 시대의 시골은 식량이 떨어진 가구가 6할이라는 기사도 있었다. 연명을 위해 방황하던 실상은 쑥, 냉이, 칡뿌리 등 먹을 것을 찾아 산으로 들로 온 가족이 헤매던 시절이었다. 서러운 시절, 민초들은 캐 온 푸성귀를 넣고 보리 몇 알 넣어 끓인 묽은 꿀꿀이 나물죽으로 허기진 배를 채웠다.

보리밭을 보면 보리 서리가 생각난다.

보릿고개 때는 아이들 얼굴은 누렇게 떴고 다리는 힘을 잃었다. 모두가 허기져 어지러운 계절이었다. 아이들이 익지도 않은 청보리를 보릿대째 뽑아다가 모닥불에 꼬실러 먹는 것이 보리 서리다. 초등학교 시절 친구들이 보리 서리를 해 와서 나뭇가지를 모아 불을 피우고 서리한 보리를 그슬어 먹는 짓을 함께한 적이 있었다. 매캐한 연기에 눈물 콧물 흘리면서 까맣게 그을린 보리를 손바닥에 놓고 썩썩 비벼 파란 보리알을 입안에 털어 넣었다. 고소하고 질겅질겅 한 보리 맛을 입안에 가득 담은 채 키득거리던 때의 기억이 슬며시 고개를 든다.

얼굴은 온통 숯 검댕이 범벅이 되었고 타다 만 보리 까시래기가 옷 속으로 파고들어 온몸이 가려우면 옷을 벗어 털고 개천에서 풍덩 미역감던 기억에 슬며시 미소 짓게 된다. 그래도 그 시절 5월의 하늘은 맑았고 태양은 빛났으며 우리는 청보리처럼 맑은 초록 꿈을 지니며 자랐다. 되새겨보는 추억의 '푸른 오월'이 떠오른다.

······ '잃어버린 날이 그립지 아니한가, 나의 사람아./ 아름다운 노래라도 부르자./

서러운 노래를 부르자./ 보리밭 푸른 물결을 헤치며/

종달새 모양 내 마음은 하늘 높이 솟는다./ 오월의 창공이여!/ 나의 태양이여![2]

보리밭 앞에 서면 꽁보리밥과 대소쿠리도 생각난다.

꽁보리밥은 쌀 한 톨 섞이지 않은 보리밥이다. '꽁보리밥' 앞에 붙은 '꽁'은 '깡그리' 할 때의 '깡'과 같다. 전부, 모두라는 뜻이다. 어머니는 보리쌀을 돌확에다 맑은 물이 우러날 때까지 박박 밀어 가며 씻은 뒤 그 보리쌀을 살짝 아시 삶은 다음 밥을 지었다. 넉넉한 집에서는 먼저 삶은 보리밥을 가마솥에 안친 뒤 그 위에 쌀을 얹어 흰 보리밥을 지었다. 더러는 고구마나 감자를 넣은 밥을 짓기도 했다. 양식을 아끼는 방편이었다. 아침은 대개 쌀이 섞인 흰 보리밥을 먹고 꽁보리밥은 으레 점심이나 저녁에 먹는 집이 보통이었다.

점심을 위해 남겨진 꽁보리밥은 대소쿠리에 담아 시원한 대청이나 바람 잘 통하는 부엌 기둥에 매달았다. 보리밥이 담긴 대소쿠리에는 벌레를 막고 통풍을 위해서 으레 삼베 보자기가 덮였다. 대소쿠리 보리밥은 고슬고슬하며 알갱이는 입속에서 공처럼 놀았다. 말랑말랑 차지고, 혀끝에 탱글탱글 걸렸다. 점심은 대체로 들에서나 집에서나 찬물에 보리밥을 훌훌 말아 한 숟가락 가득 입에 넣은 뒤

---

[2] 시 '푸른 오월' 노천명 작

텃밭에서 따온 오이나 고추를 강된장에 꾹꾹 찍어 먹었다. 달고 시원한 맛이었다. 보리밥은 소화가 잘되고 대장 활동을 활발하게 해 주어 방귀 소리를 자주 들을 수 있었다.

4월엔 청보리 푸른 파도가 출렁인다.
초록 물결 보리밭이 눈을 정화 시켜 주고 머리까지 맑아지게 한다. 봄날의 보리밭 들판 풍경은 생각만 해도 그리움에 마음이 설레는 것이다. 그러기에 초록 파도가 춤을 추는 청보리밭은 고향을 불러낸다. 결핍의 세월을 체험한 세대에겐 보리밭은 기억 속의 초록 들판이며 향수가 어린 정경이다. 보리밭 길을 다시 걸으며 임이 부르는 소리도 기억해 내고 어릴 때의 추억에도 다시 젖게 된다. 보리는 모진 추운 겨울을 이겨 낸다. 그런 날들이 있었기에 4월의 초록 들판이 있고 6월의 황금 들판도 이루어 낸다. 새봄이 되면 다시 청보리밭 앞에 서서 서민의 생을 이어가게 한 보리의 끈기와 은총도 다시 헤아리며 감사와 겸허의 자세를 가다듬을 것이다.

- 계간지『선수필』(2023. 가을호)

## 팔당호의 추억

팔당호수가 내려다보이는 찻집에 앉아 있다.

이 호반을 즐겨 찾기는 40대 중반부터 시작되었다. 88도로 동쪽 끝 하남시 미사리를 거쳐 팔당댐이 방류하는 물보라를 보면서 이어지는 호반 길을 따라가면 경기도 광주시 퇴촌면 사거리에 이른다. 이곳에서 좌측으로 방향을 돌려 분원리로 들어서면 호수를 마주한 곳에 전망 좋은 찻집이 있다.

팔당호수는 수도권 지역의 상수원 확보를 위해 1973년에 팔당댐이 완성되면서 조성되었다. 이 호수를 이루는 북한강과 남한강의 두 강물이 양평의 두물머리에서 합류한 후 다산(茶山) 생가인 여유당(與猶堂) 앞을 지난 후 하류의 댐으로 유입된다. 또 다른 한 줄기는 퇴촌면을 스치는 경안천에서 흘러드는데 이 세 곳의 강물이 합류되어 댐에 이르는 이 일대를 팔당호라 부른다. 댐 주위와 상류 지역은 상수원 보호구역으로 지정되어 물이 맑고 주변 일대에서 바라보는 호수의 경관이 아름다워서 사람들의 발길이 잦다.

오늘따라 경칩을 앞둔 마지막 겨울 날씨는 오는 길 내내 을씨년스럽게 눈발이 날리고 냉기에 옷을 여미게 했다. 찻집에서 내려다보는 겨울 호수는 얼음이 녹지 않으면 백자처럼 단아하다.

호수 위로 물안개가 피어오른다. 호반은 가슴을 헛헛하게 하는 안개로 뒤덮여 있다.

트로피컬 커피를 주문하여 마신다. 진한 커피 위에 띄운 레몬 조각에서 활활 타오르는 럼주 불길이 푸르다. 이 향내와 불길이 물안개로 헛헛해진 가슴을 녹인다. 따뜻하다.

바람이 불어 구름을 헤치면 해는 얼굴을 내밀고 안개를 걷히게 하는 찰나의 아름다움을 마련할 것이다.

누구나 어느 한 곳을 즐겨 찾는 데는 나름의 이유가 있게 마련이다. 아름다운 경관 때문이거나 그 장소에 어려진 추억 때문일 수 있다.

호반은 4계절 어느 한 철도 부족함 없이 아름다운 경관을 안겨준다. 팔당댐에서 시작되는 호반 둘레길은 좌측의 호수와 우측의 검단산 아랫자락 사이에 난 길이다. 봄철은 길 따라 연둣빛 잎새가 행렬을 이루고 여름이면 길 따라 초록이 가득 들어찬다. 가을이면 수종 따라 노랑과 붉은 단풍들이 시샘하며 세상 모습을 바꾸고 눈 내리는 겨울날은 한편의 백설부가 펼쳐지는 청정한 길이다. 퇴촌 사거리에서 분원리로 들어서면 시간은 한 속도 더디게 흐른다. 조선 왕실을 위한 마지막 가마터가 있던 곳으로 주변 마을은 한적해도 그 안에 담긴 혼은 품격 높다. 분원리라는 이름도 조선시대 궁중 음식을 관장하던 사옹원(司饔院)의 백자 분원(分院)에서 따온 이름이다.

창밖으로 보이는 호수의 크기가 시선을 넓힌다.

남쪽 맞은편 검단산과 북쪽의 예봉산 자락 사이에 조성된 팔당댐까지 펼쳐진 호반의 넓이를 헤아리기에는 눈이 가뭇해진다.

경안천과 남한강의 모퉁이 마을들은 잠시 세상과 떨어진 듯하다. 수자원 보호지역이라 물에는 배와 사람이 나서지 않는다. 주변에 있는 고즈넉한 습지생태공원에서는 서식하는 동식물을 접할 수 있다. 고라니와 철새들을 만날 수 있으며 경안천은 고니의 활동지이기도 하다. 팔당호수로 오가는 길엔 강줄기를 따라 굽이치는 길목마다 언뜻언뜻 나타나는 숨겨진 경관에 시선을 빼앗기게 마련이다.

호수 주변의 여러 정경이 눈길을 이끌지만 찻집에 앉아 가만히 내려다보는 호수의 널찍하고 맑은 아름다움에는 미치지 못한다. 맞은편 검단산 아래부터 시작되는 눈길은 호수 가운데에 자리한 작은 소내 섬을 거쳐 북쪽의 예봉산 자락에 이르기까지 넓게 펼쳐진 호수 전경이 훤하고 넉넉해서 바라보는 사람의 마음이 편안해진다. 강가의 큰 고목 너머로 보이는 호수와 산이 고즈넉하게 어우러져 풍경화 한 장면을 구성한다.

여름날 탁 트인 호수 위로 쏟아지는 빗줄기의 장관, 가을날 호수에 내리는 철새 무리의 군무, 겨울날 얼어버린 호수에는 백설의 축제가 펼쳐진다. 맑은 보름날의 호수엔 달빛이 윤슬로 빛난다. 이런 날은 달은 하늘에도 있고 호수에도 잠겨 있다.

호반의 경관이 안겨주는 아름다움은 찬미만으로는 부족하다. 일상에서 잠시 빠져나와 호숫가 찻집에 들러 창가에 앉으면 호수는 삶을 반추해 주는 거울이 된다. 풍경을 보는 마음이 그윽해진다면 이미 자신의 시간 속에 몇 번의 변곡점이 지났다는 증좌라는 말에 동의하게 된다.

나이 들면 유한함이란 것이 알뜰과 겸허를 불러들이기도 하지만 포기와 허무와도 가깝다는 데에 생각이 미치면 안타까움 또한 숨길 수 없다.

시간은 모든 것을 소멸시키지만 기억은 모든 것을 소환하고 복구한다. 기억은 생각의 총체이기 때문이다. 기억 속에는 잊히지 않는 그리움도 있다. 보고 싶은 그리움은 과거 시간의 편린들이 그런 감정을 쌓아 올린 자국이다. 때로는 인간은 현재를 사랑하는 것이 아니라 과거의 기억을 사랑하고 있는지도 모른다. 이 호반에 함께 자리했던 친구들, 영혼이 맑은 사람의 얼굴이 떠오른다. 항상 발목을 잡는 미련은 곳곳에서 지난날의 흔적을 캐내어 편재(偏在)하는 추억의 속성을 일깨우는 선명한 이유로 자리한다.

한없이 맑고도 넓은 호수는 인간을 자연 상태로 치환시키는 감정을 일으키기도 한다. 그 감정의 심연에는 사랑이 자리한다. 사랑은 일견 천진하고 다정하고 다감하게 보이지만 때로는 인간을 영적 존재라는 향수에서도 벗어나게 해서 자연 상태인 날것으로 존재하는 고통을 안기기도 한다.

검단산 위로 노을이 짙어지면 언제나 그렇듯 노을은 구름을 물들이다 썰물처럼 밀려나 산 너머로 가라앉는다. 호수는 푸른 물빛을 잃고 잿빛으로 변한다. 먼 곳 산사의 저녁 범종 소리가 호반에 잠긴다. 물가에 외로이 서 있는 고목의 가느다란 가지에 어리는 푸른 선이 흔들린다. 쉬어 갈 하루를 마련하는 철새들의 울음이 물결을 밀치고 있다.

달빛이 산그림자를 움직이면 나그네도 자리에서 일어날 채비를 해야 한다. 생은 향유가 아닌 의무이기에 항상 가정(假定) 앞에 적막하게 놓여 있다. 산다는 것보다 엄숙한 것이 있으랴. 마냥 그늘일 것 같다가도 한 줌 햇살을 받고는 잠시 쉬어도 가는 것이다. 삶은 그 자체로 위대한 역설을 낳기도 하고 때론 소태와 같이 쓰기도 한 것이다. 삶이 더 밝은 날이 되기 위해 홀로 태워야 할 불꽃이라면, 살아내면 살아지는 것이 인생이 아니던가.

팔당호수를 떠나며 내일을 위해 안단테 칸타빌레, 오늘 하루를 접는다.

# 제4부

# 예(禮)를 생각하며

말의 품격

예(禮)를 생각하며

알아야 면장을 하지

사자성어(四字成語) 용례(用例)

주치의와 환자의 자세

한 야구인의 은퇴 장면

트로트 열풍

머리 없는 날

달리는 사무실

헌책방 골목

# 말의 품격

말이 지배하는 세상에 살고 있다. 마음속의 생각들을 다른 사람과 나누고자 할 때나, 서로 다른 존재들을 이어주는 데는 말이라는 언어의 다리를 통할 때 가능하다.

말을 나눈다는 것은 서로의 생각을 공유할 수 있는 소통을 의미하며 상대를 이해함에 더하여 친밀감마저 나누는 것이다.

말을 나눌 때는 말을 잘해야 하는데 말을 잘한다는 것은 무엇을 의미할까? 말을 나눌 때는 우선 신중해야 한다. 말은 쉽게 분석하거나 말의 뜻을 함부로 헤아릴 수 있는 대상도 아니다. 말은 마음을 담아내는 것이기에 마음의 소리임을 알아차려야 한다. 사람마다 인품(人品)이 있듯이 말에도 품격이 있음을 새기고 있어야 한다.

최근의 매스컴이 보도하는 각종 토론회나 국회의 대정부 질문 현장을 보면 정제되지 않은 조악(粗惡)한 말의 파편들이 난무하는 모습에 마음이 긁히고 할퀸다. 자격이 의심되는 국민의 대표자란 사람들이 억지와 쌍스럽기까지 한 언어를 아무렇지 않게 구사하고 있는 모습은 한마디로 가관이고 슬픔마저 자아낸다. 진영 논리에 안주하여 상대를 비난하며 부정하는 태도에만 함몰된 정치, 자신의 인지도를 높이려는지 막말 마케팅을 하는 정치인들이 목소리를 높이고 있다. 카메라를 의식하는지 주어진 기회에 말을 많이 해야 인정받는다는 착각에 빠진 듯하다. 질문을 던지고는 답변조차 멈추게 한 채 허우적거리며 말을 적게 하면 공연히 손해 보는 것이라고 여기는 듯하다. 상대의 단점만을 발견하기 위해 몸부림치며 억지를 부리는 모습은 보는 이로 하여금 짜증과 분노마저 느끼게 한다.

상대방에 대한 배려를 바탕으로 부드러우나 논리가 정연하고 유머와 위트가 곁들여진 말이 고급스러운 정치 언어가 아닐까? 폭력성을 띠고 상황 따라 진실과 거짓을 수시로 바꾸는 상당수 정치인의 말은 말이 아닌 배설이다. 무뢰배들이나 짖어댈 막말을 정치 언어로 착각하는 데서 국회는 아수라장이 되기도 한다.

회의나 토론장에서도 입을 놀리는 재미에 빠져 말을 절제하고 통제하지 못하는 사람들이 있다. 그럴 때의 그들의 입은 올바른 입이 되지 못한다. 날카로운 칼을 빼들어 휘두르듯 자극적인 말을 폭포수처럼 쏟아내며 회의장을 주도하고 있다는 착각으로 능변가인 양 으스대는 자들은 혐오감마저 일으킨다. 배려라는 생각은 깨끗이 지워버리고 분노와 악의로 빚어진 언어를 휘두르는 이들의 모습은 횡포를 부리는 짓이다.

수준이나 등급을 의미하는 한자 품(品)의 구조가 의미심장하다. 입을 뜻하는 구(口)가 세 개 모여 있으니, 말이 쌓이고 쌓여 한 사람의 품성이 된다는 의미일까.

현란한 어휘나 화술이 말의 외피를 둘러싼다 해도 무심코 던지는 말 한마디에 사람의 품격이 드러나게 마련이다. 말하는 사람의 인격, 그가 지닌 고유한 사람의 향기는 구사하는 말에서 뿜어 나온다. 말 한마디가 천 냥 빚만 갚는 게 아니다. 그 사람의 인생을, 나아가 조직과 공동체의 명운을 바꿔 놓을 수도 있다. 모든 힘은 밖으로 향할 뿐만 아니라 안으로도 작용하는 법이다. 언어의 힘도 예외가 아니다. 말을 통제하지 못해 자신을 망가뜨리거나 하루아침에 나락으로 떨어지는 일이 비일비재하다.

　사람의 입에서 만들어진 말은 입 밖으로 나오는 순간 그냥 흩어지지 않는다. 돌고 돌아서 말을 쏟아낸 사람에게 다시 되돌아드는 귀소본능을 가지고 있다.

　말은 생각과 감정을 담아내는 그릇이다. 말을 함부로 하면 화를 면치 못한다. 과언무환(寡言無患)이라는 말처럼 상대에게 상처가 될 말을 줄이면 근심도 줄어든다. 숙성되지 못한 말은 오히려 침묵보다 못하다. 인간의 가장 깊은 감정은 대개 말이 아닌 침묵 속에 자리한다. 항시 입이 아닌 귀를 내주면서 상대의 마음을 얻는 것이 바람직하다. 가슴속의 진심을 건져 올려 상대의 아픔을 어루만지면서 소중한 사람에게 좀 더 가까이 다가갈 수 있어야 한다. 삶의 지혜는 종종 듣는 데서 깨쳐지고 삶의 후회는 대개 말하는 데서 비롯되는 경우가 많다. 말하는 총량이 듣는 총량보다 적으면 다들 불안해하는데 이는 말을 많이 해야 인정받는다는 착각 때문이다.

　상대가 가슴에서 퍼 올린 말을 귀가 아닌 가슴으로 느끼려면 귓

속을 파고드는 음성 속에 숨겨진 뜻과 의미를 포착해 본질을 읽어 낼 수 있어야 한다. 역지사지를 실천하려면 자기의 위치에서 잠시 벗어나 상대방이 처한 공간과 시간 속으로 다가가서 조금은 다른 시선으로 바라볼 수 있어야 한다. 관점 전환이 필요한 것이다. 귀를 의심하게 되는 말에 마음이 베일 때면 자신도 저런 말을 함부로 한 적이 없었는지 되짚어 보게 된다. 인간의 입술은 그가 마지막으로 발음한 단어의 형태를 보존한다는 말이 있다. 내 입에 내 말이 남아 있다는 무섭고 섬뜩한 뜻이 담긴 말이다.

말을 의미하는 언(言)에는 묘한 뜻이 있다. 두[二] 번 생각한 다음에 천천히 입[口]을 열어야 비로소 말[言]이 된다고 했다. 사람에게 품격이 있듯, 말에도 나름의 품격이 있다. 그게 바로 언품(言品)이다. 큰 말[大言]은 담담하다. 담의 뜻은 빛이나 물의 흐름 따위가 그윽하고 평안한 상태를 나타낸다. 힘 있고 웅장한 것을 가리킨다. 반면 작은 말[小言]은 수다스럽고 가볍고 약하다.

품위 있고 권위 있게 말하는 것은 결코 말만 번지레하게 하는 태도가 아니다. 사람이 지닌 고유한 향기는 말을 통해 뿜어져 나오며 사람의 품성이 드러난다.

말은 품성이다. 품성이 말하고 품성이 듣는 것이라 했다. 늘 말을 조심하고, 하기보다 듣기에 더 마음을 두어야 할 일이다.

-『한국수필』(2025. 3월호)

# 예(禮)를 생각하며

근래에 국사를 논하는 자리에서 행해지는 국민 대표들의 행태를 보면 안타까움을 넘어 참담함마저 느낀다. 의사당이나 토론 자리에 나선 지도자란 인물들의 언변이나 몸짓을 보면 서로 간에 지켜야 할 최소한의 예의마저 잃고 있는 듯해서 안타까움을 금할 수 없다.

갑남을녀의 일상 태도에도 미치지 않는 몹쓸 언변과 몸짓으로 도를 넘어 설쳐대는 모습이 가관인데 정말이지 기가 찰 노릇이다.

국방을 책임지고 있는 장군도 여의도에 가서는 통로에 나가 손발 들고 벌받으라는 지청구를 들었으니, 지휘관이 권위를 잃은 채 부대 복귀하여 어떻게 병사들을 지휘할 수 있으랴?

최소한의 예의와 금기라는 게 있는데…. 양식(良識) 잃은 자들의 횡포에 말문이 막혔다.

이 나라 국민임이 부끄럽다.

예의의 주체는 자신이고 객체는 상대방이어야 하는데 역으로 상대가 나에게 먼저 베풀기만을 바라는 세상으로 변모하고 있다.

유학에서 예(禮)의 출발점은 '나'라고 했는데 요즘은 '타인'을 향한 강압된 요구로 쓰이고 있다. 예는 자기 행동과 태도에 관한 규범이며 자기 수련, 수신(修身)에 관한 지침이다. 다른 사람과의 공공성을 끊임없이 의식하면서 자신이 적절한 행동을 하고 있는지 항상 되돌아보아야 한다고 했다. 예의는 외적 규범이라기보다는 내적 훈련일진데, 오늘날은 자기 수련의 의미는 잃어버리고 상대를 탓하는 데만 써먹고 있다.

여의도에서 행해지는 국사 논의 장면을 보면 진영 논리에 빠져 상대방과 편 가르기가 도를 넘은 채 서로 예의를 갖추라고 악다구니 고함질을 해대고 있으니 비판받아 마땅하다. 품위 있고 권위 있게 말하는 것은 결코 말만 번지르르하게 잘하는 것이 아니다. 그것은 교양의 문제, 인문의 문제, 예(禮)와 예(藝)의 문제, 그리고 격(格) 높은 문화의 문제일 것이다.

예의의 핵심은 배려라 했다.

배려의 한자를 살피면 配(나눌 배) 慮(생각할 려)인데 자기만을 생각하는 마음을 나누어서 상대방을 향하게 해야 한다는 뜻이다.

논어 구절에 부지예 무이입야(不知禮 無以立也)란 말이 있다. 예를 모르면 사회에 나설 수 없다는 말이다. 예의는 결국 타인과 더불어 살기 위해 나의 할 바와 도리를 다하는 것이며 예의가 향하는 무게 중심을 타인에게 두어야 한다는 말이다.

예의는 자기에게 갖추면 예의지만 역설적으로 타인에게 뻗으면 무례가 된다. 공자는 모두가 '화합'하기 위해 '아는 것도 물어서 따르는 것'이 예의라고 했다. 그러니 싸우려 드는 것은 애초에 예의가 아니며 '예의를 지켜라.'라고 상대에게 말하는 순간 그는 예의 없는 사람이 되고 만다.

  지난 총선에서 야당이 압승한 후 이 나라 정치 마당에는 반대하는 목소리가 사라지는 변화를 겪고 있다. 정치는 물론이고 사회와 학교에도 예의가 실종된 모습이 눈에 띄게 일어나고 있다. 다수당은 의석수로 밀어붙이고 집권당은 숫자와 위세에 눌려 해야 할 역할조차 못 하는 실정이다. 반대하지 못하는, 반대할 수 없는 우리 사회는 어디로 가게 될까? 반대 의견에는 다수가 밀어붙이는 음모와 위법, 다수가 간과한 정의가 숨어 있을 수도 있다. 그러니 반대하는 이들을 보호, 격려하고 그들의 말을 경청하는 사회 분위기가 조성되어야 할 것이다.

  지난날, 엄혹한 시절에도 정치 현실에서는 낭만과 유머가 있었다. 예의와 교양을 갖춘 명징한 논리를 설파하는 정치인과 언론인, 지도자의 말을 듣고 싶다.

  민주화를 위한 투쟁의 세월에 있었던 그 당당하고도 결기에 찬 언론의 논조(論調)는 어디로 사라졌는가? 여론을 선도하며 이끌던 지조 갖춘 언론인과 지도층 인사, 우러러보았던 고매한 어른, 지식인, 교수들, 모두는 숨죽인 채 은둔의 자리에서 연명만 하고 계시는가! 순수하고 열정에 찬 우리 젊은 대학생들도 시대의 질곡을 바라만 보고 있는 것 같다.

  삶이란 '혼자'만이 아니라 '함께'하는 것이며, 건강한 사회는 구성원 모두가 자기 내면으로 깊이 들어가 나 아닌 타인, 상대방을 헤아리는 사람이 넘쳐날 때 이루어지는 것이리라.

시민 각자마다 예의와 교양을 스스로 갖추고 지녀서 평범한 삶 속에 순간순간 호흡처럼 일상화해야 한다. 우리가 모두 이용하는 전철이나 엘리베이터를 타고 내릴 때도 내린 다음에 타는 질서를 지키며, 대중교통의 임산부 배려석은 비워두어야 하고, 오른쪽 걷기를 실천하는 이런 작은 질서와 예의라도 지킨다면 우리 사회가 훨씬 아름다워질 것이다.

아이들의 품성은 어릴 때부터 양육되면서 길러지고 이 품성이 사회 질서의 기초가 됨을 부모들이 먼저 깊이 자각해야 한다.

예를 갖춘 훌륭하고도 능력 있는 지도자는 찾아지고 양성되어야 한다. 상대에게 배려와 이해를 나누면서 자기 진영의 존재를 확장해 나가는 정치인이어야 말로 나라와 국민과 사회를 위한 예의 갖춘 지도자일 것이다.

이제 정치 바닥에도, 사회 전반에도, 가정에서도 무너져 버린 질서, 예를 잃은 풍속, 어른의 존재가 사라진 한국 사회를 다시 복원해서, 한때 동방예의지국으로 불리던 이 나라의 국격을 다시 세우는데 모두 나서야 한다. 시민 한 사람, 한 분의 사회 지도자나 정치인이 솔선해서 부족한 인사들은 걸러내고, 이 사회와 정치 마당에 예의가 함양되고 품격이 자리 잡도록 나서주기를 기대하는 것이다.

- 월간 『문학 공간』 (2024. 10월호)

## 알아야 면장을 하지

일상생활에서 나누는 대화 중에는 사용하는 말의 의미를 제대로 알지 못한 채 사용하거나 습관적으로 잘못 쓰는 말이 적지 않다.

흔히 '알아야 면장을 하지'라는 말도 그중의 하나다. 이 말의 뜻은 어떤 일이든지 그 일을 하는 데 대한 학식이나 경험, 능력 등을 갖추고 있어야 제대로 일을 할 수 있다는 뜻을 비유적으로 일컫는 말일 것이다. 그런데 많은 사람이 이 말 속에 포함된 면장의 뜻을 자치단체장인 면장(面長)으로 알거나 이해하고 있는 사람도 적지 않으리라 여긴다. 그러나 이 말의 속 내용은 그런 행정기관의 책임자인 면장(面長)과는 전혀 관계가 없는 말이다.

'알아야 면장을 하지'라는 말은 공자가 그의 아들 벽어와 나눈 대화에서 유래된 말이다.

논어 양화(陽貨) 편(17편 10장)에 공자와 아들 사이의 대화 내용이 나온다.

공자가 아들 백어가 종종걸음으로 뜰을 지나갈 때 마주쳐서 가르친 대화 내용은 이러하다.

공자가 백어에게 이르기를 "너는 주남(周南)과 소남(召南)을 배웠느냐? 사람이 주남과 소남을 배우지 않으면 바로 담장(牆)을 정면(正面)으로 마주한 채 서 있는 것과 같은 것이다."라고 말했다. 주남과 소남을 모르는 것은 마치 담장을 마주하고(牆面) 서서 지극히 가까운 곳에 다가가서도 사물을 제대로 보지 못하고, 그곳에서 한 걸음도 더 나아갈 수가 없다는 뜻으로 이야기한 것이다.

여기에서 일컬어지는 주남과 소남은 중국의 고전인 시경(詩經)의 첫머리에 놓인 두 편명(篇名)인데 모두 25수다. 이 시(詩)들은 대개 도덕주의로 해석되어 자기 몸을 닦고 집안을 다스리는 데 유익한 일상생활의 기본 지침을 내용으로 담고 있다. 또한 이 시들은 남녀와 부부 사이의 일을 소재로 한 남녀의 정을 솔직히 노래했다고 볼 수도 있다.

공자는 주남과 소남을 공부하여 인간의 순수함을 있는 그대로 아름답게 여기는 마음을 길러야 한다고 하고 시경을 통하여 사람 사는 세상 이야기를 배우고 옛사람들의 지혜와 더불어 무엇을 어떻게 극복하고 살아갔는지에 대한 처세술도 배울 수 있다고 여긴 듯하다.

담벼락을 대하고 있는 것과 같이 앞이 내다보이지 않는 꽉 막힌 꼴을 면(免)하는 것이 바로 면장(免牆)이다. 즉 벽을 앞에 두고 서 있는 깜깜한 세계를 벗어나는 것을 형용한 말이다. 무엇인가 부지런히 배우고 익혀야 답답함을 면할 수 있다는 공자의 말씀을 새겨서 '알아야 면장을 하지'라는 말이 생긴 것으로 아주 단순한 말이지만 너무나 상식에 가까운 이야기다.

그렇지만 그 기본의 참뜻을 모른 채 말을 한다면 오해와 착오를 일으킬 수 있어 경고와 같은 이야기가 될 수 있다. 이 말의 뜻을 제대로 이해함에 더하여 논어에 나오는 또 다른 한편을 함께 알고 있으면 좋을 듯하다.

논어 계씨(季氏)(16편 13장)에 나오는 말이다.

공자는 시(詩)를 배우지 않으면 남을 응대할 때 말을 제대로 할 수 없다 하였고 또한 예(禮)를 배우지 않으면 사람 노릇을 할 수 없다고 했는데 이 말은 한 사람의 인격체로써 자기의 위치를 제대로 세울 수 없다는 뜻이다.

공자가 시와 예를 가르친 것이 아들 백어가 뜰을 지나갈 때 마주쳐서 가르친 것이기 때문에 추이과정(趨而過庭)이라 하고 아버지가 아들을 훈계하며 가르치는 교육을 정교(庭敎)라고도 한다는 말도 곁들여 알아둘 만하다.


사람들이 쓰는 말이란 배워서 알았거나 살아가며 일상에서 익혀지고 새겨진 말을 쓰게 마련이다. 그런데 그 말에 대한 인식이 잘못되면 의미에 대한 오류를 범하거나 정확하게 알지 못한 까닭에 말의 쓰임새를 허투루 사용할 때도 있다. 때로는 잘못 사용한 자체도 전혀 헤아리지 못한 채 말하는 예도 허다하다. 이런 경우에는 대인관계에서 주고받는 말로 인하여 불필요한 오해를 일으키고 인간관계마저 틀어지기도 하는 것이다.

장서에 가득 한 수많은 현자의 주옥같은 말들을 많이 배우고 모두 익힌다면 좋겠지만 평범한 사람에겐 벅찬 일이다. 나이 드니 한때 익힌 반짝이는 고아한 언어들도 어느새 기억 속에 차츰 잊혀 감을 아쉬워하고 한탄하게 된다.

　'알아야 면장을 하지'라는 말은 누구나 흔히 하는 말이기도 하고 그 말의 뜻을 제대로 모른 채 많이 쓰기도 했다. 친구가 그 말의 뜻을 제대로 가르쳐 주어서 늦었지만, 그 말의 뜻을 깨치게 되어 한량없이 기쁜 마음이다. 차제에 지도자를 뽑는 선거에 임하면서 희망도 없고 앞날도 내다보지 못하는 담장 앞에 선 깜깜한 면장(面牆)의 정치꾼 후보자가 아닌지부터 가려내는 안목도 길러야겠다.

# 사자성어(四字成語) 용례(用例)

자기의 뜻을 표하거나 의사를 나타낼 때는 말이나 글로써 한다.
전하고자 하는 말이나 글은 상대에 맞추어서 하게 되며 불특정 다수를 겨냥한다 해도 그 전달하고자 하는 내용이나 표현이 적절하고 명확한지를 살피게 된다. 사용할 말이나 글은 표현하는 사람이나 듣는, 또는 읽는 사람 간에 제대로 의미 전달이 될 수 있어야 한다. 그런 뜻에서 의사 전달이나 소통이 더욱 원활해지도록 때때로 고사성어를 인용하기도 한다.
고사성어에는 선인들의 경험과 역사 사실, 문화 배경 등이 스며들어 있다. 지혜와 지식이 함축되어 있기도 하며 생활과도 밀접한 관계를 맺고 있어 일상의 언어로도 자주 쓰인다.
그런데 자주 인용되는 고사성어 가운데 몇 가지는 그 의미가 잘못 헤아려져서 쓰임새가 적절하지 못한 경우가 있어 이를 살펴보고자 한다.
과유불급(過猶不及)이란 말이 있다.
이 말은 논어의 선진편(先進編)에 나오는 말이다. 말의 뜻은 '지나친 것은 미치지 못한 것과 다를 바가 아니다'라는 뜻이다. 그런데 이 말을 사용하는 경우 흔히들 어떤 정도가 '과한 것은 모자람보다 못하다'라는 뜻으로 쓰이니 잘 못 사용하는 용례다.

이 말이 나오게 된 사연이 있다.

공자 제자인 자공이 스승에게 물었다.

제자인 "사(師:자장)와 상(商:자하) 중에 누가 어진[仁] 사람입니까?"라고 물으니

공자께서는 "자장은 지나치고, 자하는 미치지 못한다."라고 답했다.

자공이 다시 물었다. "그렇다면 자장이 더 낫습니까?"

공자 말씀하시기를 과유불급(過猶不及)이라. "지나친 것은 미치지 못하는 것과 같은 것이다"라고 했다. 자장은 재주가 많고 뜻이 크지만 일을 하면서 무리한 시도를 해서 중도(中道)를 지나쳤고, 자하는 신의가 있고 매사 모범을 보였지만 범위가 좁아 항상 중도에 미치지 못했다. 둘 다 단점이 있어 마찬가지라 평한 것이다.

지나침은 누르고 이르지 못하면 이끌어 주어 정도와 균형을 살피라는 의미로 중용의 중요성을 깨우치는 말이라 여긴다. '과한 것은 모자람보다 못하다'라는 뜻으로 사용한다면 왜곡되게 해석한 것으로 오류를 범하는 일이 된다고 하겠다.


또 다른 고사성어 호연지기(浩然之氣)란 말도 잘못 이해되어 쓰이는 경우가 있다. 어릴 때 어른들이나 스승님들로부터 사내들은 호연지기를 잘 길러야 한다는 말을 듣고 자랐다. 호연지기를 기르기 위해서 산에도 올라 큰 소리도 지르고 주먹도 불끈 쥐어 보는 등 용

기를 기르라는 뜻으로 이해했고 또 그런 뜻으로 가르침 받아 호기를 부리기도 했다. 아마 요즘에도 '단순히 용기를 길러야 한다는 뜻으로 호연지기를 가르치고 있지 않을까?'라는 의문이 있다.

호연지기란 말은 일찍이 맹자와 그의 제자 공손추 간의 대화에서 나온 말이다.

맹자는 제자와의 대화 중에 "내 나이 40이니 마음이 동요하지 않는 것이다."라는 부동심(不動心)을 말했다. 나이 마흔을 공자는 불혹(不惑)이라 하고 맹자는 부동심(不動心)이라 했다.

불혹이나 부동심 둘 다 '어떤 유혹이나 고난에 처하더라도 마음이 흔들리지 않는다.'라는 같은 뜻을 지니지만 자세히 살피면 의미에 차이가 있어 보인다.

공자의 불혹은 '외부적 상황에 대해 흔들림이 없다.'라는 뜻이지만, 맹자의 부동심은 '스스로 마음이 흔들리지 않는다.'라는 의미를 지닌다.

불혹은 '객관적 상황에 대한 주체적 반응'이며 부동심은 '주관적 상황에 대한 주체의 반응'을 일컫는다는 가르침이다.

공손추가 맹자에게 질문을 이어 갔다. "선생님께서는 어느 것을 잘하십니까?"라고 물으니 "나는 (남이 하는) 말을 알며, 나는 호연지기를 잘 기르네! [我知言, 我善養吾浩然之氣]"라고 했다. 맹자의 이 대답에서 바로 그 유명한 '호연지기' 고사성어가 쾌어난 것이다.

맹자는 다음과 같은 말을 이어 간다. 뜻[志]은 기운[氣]을 거느리는 장수고 기운은 몸을 채워주는 것이니 뜻이 세워지면 기운이 그

뒤를 따라나선다고 했다. 자기의 뜻을 올바로 지키되 자기의 기운을 자극함이 없어야 한다는 의미다. 즉 마음의 뜻과 몸의 기운을 집중시켜 한결같이 한 마음, 한 몸으로 통일시키는 것이 부동심을 터득하는 방법이라고 답변했다. 결국 맹자의 이 대답은 부동심을 터득하는 방법에 대한 결론이었다. 즉 부동심을 잘 갖출 수 있었던 것은 '말을 아는 것'과 '호연지기를 잘 길렀기 때문'이라고 결론 내린 것이다.

공손추의 다음 질문이 이어졌는데 "무엇을 호연지기라 합니까?"라고 물었다.

맹자는 한 마디로 대답했다. "그것은 말로 하기 어렵다[難言也].

호연지기는 평온하고 너그러운 화기(和氣)를 말하며 기(氣)는 매우 강대하고 강건하며 올바르고 솔직한 것으로 이것을 해치지 않도록 기르면 천지간에 넘치는 우주 자연과 합일(合一)하는 경지라 했다. 기(氣)는 의(義)와 도(道)에 부합하는 것으로 잃으면 움츠러들며 위축된다고 했다. 호연지기는 선천적으로 타고난 것이 아니며 밖으로부터 엄습해 와서 취해지는 것이 아니라 지속적인 자기 수양과 도덕적 실천을 통해 형성되는 정신적인 힘이다.

다시 말하면 갑자기 생겨나는 것이 아니며, 효과를 성급하게 기대하지 말며, 마음에 지녀 늘 잊지 말아야 하며, 억지로 조장되어서도 아니 된다고 한 것이다.

과유불급이란 지나침은 미치지 못함과 같다는 뜻을 제대로 용례에 맞게 사용해야 하겠다.

호연지기는 의(義)와 도(道)가 쌓여 충만함으로써 자연스레 생기는 것으로 오직 정도를 향해 스스로 절도를 지키는 사람만이 지닐 수 있는 기상이라 여긴다. 오늘날엔 공명정대한 인격의 도야에서 우러나오는 호방한 마음으로 어디에도 구애됨이 없는 도덕적 용기를 일컫는 말로 쓰면 타당하지 않을까 싶다.

사용하는 말을 그 본뜻에 벗어나게 사용하면 의미 전달에 오류가 생김은 물론 사용자[話者]의 인격에도 흠집이 된다는 점에 유의하여 새겨 두어야 할 일이다.

# 주치의와 환자의 자세

암을 두 번이나 앓다가 의학적으로 규정하는 완치 판정을 받은 기왕증이 있다.

건강을 유지하기 위해 사람들은 대체로 1년에 한 번 정도는 병원을 찾아가 정기 검진을 받거나 때로는 진료 중에 의사가 권고한 검사를 받기도 한다.

검사 결과가 별 특이점이 없다는 통보를 받거나 건강이 좋은 상태로 유지되고 있다는 의사의 말을 들으면 혹시나 했던 걱정을 내려놓으며 기분이 좋아지고 내 몸은 문제가 없다는 생각에 안심하게 된다. 그 후 한 1년간은 자기 몸에 별다른 일이 발생하지 않는 한 다음 해까지는 마음 편히 지내는 게 사람들의 보통 심사다.

40대에 B형 간염을 앓고 난 후 정기적으로 20여 년 동안 병원에 다니면서 관리를 해왔지만, 이 병에 대한 항체가 생기지도 않았고 환갑 나이가 되자 급기야 간암으로 진척되었으나 다행히 치료가 잘 되어 완치되었다.

간암을 앓고 난 후 건강을 유지하기 위한 나름의 믿음이 생겼다. 암에 걸렸다는 것은 자신에게 신체적이든, 정신적이든, 식생활을 포함한 생활 습관이나 체질적으로 암에 취약한 부분이 있으리라 생각했고, 나이 들면서 병원에 좀 더 친화적인 태도를 가질 필요가 있다고 여겼다. 신체 부위별로 기간마다 적절한 예비 검진이 필요하다고 여겨 충실히 실행하고 있다. 오늘날처럼 발달한 의료 환경을 고려할 때 병을 조기 발견하면 완치나 회복률이 높고 병마로부터 오는 고통도 줄일 수 있으며, 치료비도 적게 들고, 가족들에게도 걱정을 줄일 수 있는 것이다. 그런 의미에서 지인들에게는 조기 검진 전도사가 되었다.

병을 다스리는 데는 의사와 환자 사이에 인연도 맞아야 한다는 말도 있다. 간암 발병 5년 전쯤부터 만났던 주치의의 인술에 힘입어 시술과 치료를 잘 받아 생존율이 낮은 간암을 앓고도 거의 20년이 지나도록 살고 있다. 발병 당시에는 부처님께 10년만 더 살게 해 주십사 하고 빌기도 했는데 덤으로 10년 가까이 더 살고 있으니 훌륭한 주치의 덕분이며 생명의 은인이라 여기는데 나이 들수록 이 생각은 더욱 깊어진다.

그분은 C 대학 서울 S 병원의 소화기내과 최 교수님이다. 처음 만난 이래 25년의 인연이 이어왔고 완치 판정을 받았으나 지금도 정기적으로 외래 진료를 이어가고 있다.

소화기 계통의 취약을 우려해 예순 중반부터는 위와 대장에 대해서도 소화기 내과의 박 교수님한테 정기적으로 검사를 받고 있다.

휴일마다 근교 산을 오르는데 한 5년 전에 가끔 가슴 답답함을 느껴서 심혈관 검사를 받으니 이형성(異形性) 협심증이라는 진단이 내려졌다. 그 후부터 주치의인 순환기 내과의 정 교수님의 지침에 따라 정기 검사와 처방 약을 먹고 있다.

6년 전에 예방 차원에서 검사한 비뇨기과의 PSA 검사 결과 수치가 2년 전보다 조금 높게 나왔다. 원인 추적을 위해 MRI와 조직검사를 권고받은 결과 전립선암 판정이 내려졌다. 예비 검사로 조기 발견된 것이다. 주치의 하 교수님의 집도로 로봇에 의한 병소 제거 수술을 받았고 그 후 주기적으로 검사를 해 왔는데 5년이 경과되어 완치 판정을 받았다.

나 자신의 병력, 진료일지, 검사 결과를 망라한 모든 의료기록은 서울 S 병원에 있다. 정형외과 의사인 아들까지 포함하면 5명의 대학병원 명의에게 몸에 대한 건강 관찰을 위탁하고 있는 셈이라 마음이 편안하고 든든하다.

여기에다 30년 가까이 연을 맺어 온 치과의사 한 분이 있다. 아들네와 손자들까지 모든 식구의 치과 진료 기록이 이분의 병원에 있다. 보존 전문의로 가족들의 치과 건강을 아주 잘 챙겨주시며 대학 선배라고 더욱 친절하고 성실히 돌보아 주시니 늘 고마운 마음의 빚을 지고 있다. 아무튼 몸은 여러 곳에 손을 본 중고차 같아서 간신히 조심스럽게 몰고 다닌다.

어떤 이는 여러 사람의 조언을 들었다며 귀가 얇아 병원, 의사, 치료법 등을 고려해 소위 병원 쇼핑을 다니기도 한다. 나의 경험으로는 신뢰를 바탕으로 병원과 주치의를 정해두는 것이 좋을 듯하다. 환자에 대한 병력과 치료, 처치기록 등이 충분히 축적되어 있어 더욱더 적합한 의료 서비스를 제공받을 수 있지 싶다. 개인별 성향이겠지만 나 자신은 신뢰하는 주치의들을 정해두고 있고 정기 검진 또한 게을리하지 않는다. 또한 암을 두 번이나 앓은 사람으로서 늘 조심스러운 가운데 의사를 대할 때에 환자가 취해야 할 태도 등이 체험으로 형성되어 있다.

우리가 자동차를 운행할 때 느끼는 미약한 진동, 거슬리는 소리나 평소보다 커진 소음 등 무언가 잘못 작동되고 있다는 징후가 감지되면 문제가 커지기 전에 정비소로 가야 한다고 생각한다. 반면에 몸이 알려주는 미묘한 변화에 대해서는 그다지 관심을 기울이지 않거나, 건강에 대해서 별일 없을 거야라고 스스로 위안 아닌 위안을 하며 외면하는 경우가 많다. 많은 사람들이 자신의 건강을 돌보는 것보다 자동차에 더 깊은 관심을 두고 즉각 반응하는 듯하다.

우리는 종종 정비 기술자에게 자동차를 넘기듯 병원에 가서도 의사에게 전적으로 자기 신체를 의존하면서 자신에 대한 통제권을 넘기고 어떤 검사든 확인 절차만 통과하면 모든 것이 괜찮다고 간주해 버리기 일쑤다.

진료를 받을 때 의사들의 질문은 일반적 표준 데이터를 근거로 하는 경우가 많을 것이다.

병원에 오기 전 느끼고 있었던 증상이나 고통 등에 대해서 의사에게 충분히 설명하며 의사와의 상담을 주저하지 말아야 한다. 건강을 온전히 살펴서 증상을 구체적으로 알리는 자세로 의사와 의견을 나누면 의사는 더욱 훌륭한 상담자가 되어 줄 것이다. 환자의 타당한 질문이 의사에게 다른 정보를 탐색하게 한다면 의사는 환자에 대해 더욱 심사숙고하게 될 것이다. 자신의 건강과 관련되고 의미 있다고 여겨지는 질문 몇 가지는 지니고 있어야 의사로부터 치료 방법에 관한 질문도 대안도 얻을 수 있으리라 여긴다.

환자가 수술 여부나 치료를 위한 의학적 선택에 직면할 때, 대부분은 의사에게 치료 방법을 전적으로 맡기는 일이 다반사다. 의사에게 일임해버리면 여러 처방 중 환자 자신의 주장에 의해 선택된 결정에 결과적으로 자기가 책임을 져야 한다는 공포에서 벗어날 수 있음도 사실이다. 그 점을 회피하고자 치료 방법의 결정 과정에 전혀 개입하지 않는다면 어떤 경우엔 더 큰 낭패를 볼 수도 있을 것이다. 내린 결정에 대해서는 환자는 적극적으로 희망의 이유를 찾아야 하며, 스스로 상태를 호전시키기 위한 노력에 최선을 다해야 한다.

환자 본인의 가치관이나 성격, 감정적 또는 인지적 기질 등이 치료에 관한 결정을 내릴 때 필수적 요소일 수도 있으므로 이 사항들을 충실히 의사에게 알려야 한다. 병의 일반적인 진행에 대해서라면 의사들이 최고의 전문가이겠지만 우리 생의 여정에 대한 최고의 전문가는 우리 자신이기 때문이다.

# 한 야구인의 은퇴 장면

사람은 누구나 자신이 선호하는 취미가 있다. 운동경기 관람도 큰 즐거움의 하나여서, 나는 야구 경기 보기를 취미로 삼았다.

이 글은 올 한 해의 스포츠 경기 중 가장 인상 깊었고 흐뭇했던 경기에 대한 나름의 주관적 생각이다. 출신 고등학교가 야구 명문고였기에 재학 중에 야구장에 응원도 자주 갔었고 자연히 야구에 대한 규칙이나 지식도 비교적 많이 쌓아 온 편이다. 프로야구 10개 팀이 펼치는 정규시즌이 시작되는 4월부터 10월까지는 야구 경기 중계를 시청하는 재미가 쏠쏠하다. 때론 야구장에 가서 보기도 한다.

야구 경기는 정해진 규칙에 따라 두 팀이 경기를 펼치고 심판의 판정이 개입된다.

감독의 작전 지시에 따라 선수들이 경기를 펼쳐서 승부가 결정되지만, 승부에는 각 팀 선수들의 기량이 경기 결과에 크게 영향을 미친다. 해마다 시즌이 열리면 겨우 내 준비해 온 선수들의 훈련량과 기술 연마에 따른 경기력도 흥미를 끈다. 또한 새로이 팀에 합류한 혜성처럼 나타난 신인들의 기량을 눈여겨보는 것도 재미를 돋우는 요소다.

감독은 코치진의 보좌를 받아 경기 운영을 전적으로 지배하며 경기를 이끌어 간다. 시청자나 경기 관람자로서는 팀 내부 사정이나 경기 당일의 선수 컨디션 등 속 깊은 사정을 파악할 수는 없다. 그럼에도 경기 당일의 선수 운영이나 경기 흐름을 살피고는 감독의 경기 운영이나 작전에 동조도 하고 비판도 하게 되지만 이 모든 것은 그 팀에 대한 애정 때문이라 여긴다.

2022년도의 프로야구 역사에 신선한 한 사건이 있었다.

20여 년간을 한, 일, 미 3국에서 선수 생활을 했던 이대호 선수가 화려한 축복 속에 은퇴했다. 그는 시즌이 시작되면서 이 해를 끝으로 은퇴한다고 선언했으며 전국 순회 경기장마다 마지막 경기 일에 팬들에게 작별 인사를 해왔다. 은퇴식의 백미는 그가 소속된 롯데팀의 본거지인 부산 사직야구장에서 있었던 은퇴 경기였다. 소속팀 롯데가 은퇴식을 주관하며 행사의 모든 시나리오를 마련했다.

이 글에서 그의 마지막 경기력이나 화려했던 은퇴식의 모습을 나열할 생각은 없다. 그날을 더욱 돋보이게 했던 것은 롯데팀과 상대팀인 LG가 취한 은퇴선수에 대한 예우와 배려에 대하여 찬사를 하고자 하는 것이다.

이대호 선수는 고교 시절에 투수였으나 프로에 입단한 후부터는 20여 년간을 타자로 활동한 선수다. 롯데 구단은 은퇴식을 통해서 야구인 한 사람의 선수 생애를 조명하고자 했다. 이날 치러진 경기의 8회에 롯데팀은 '조선의 4번 타자' 이대호를 마운드에 올려 투수 임무를 맡겼다. 그가 고교 시절 투수였음을 팬들에게 상기시키고자 한 것이라 여긴다. 20여 년을 타자로만 활약했던 '조선의 4번 타자'를 마운드에 올려 상대 팀을 상대로 투수 역할을 하게 한 것은 경기 승패만을 겨냥했다면 무리수요 상식을 벗어난 결정이었다.

자 이쯤에서 '조선의 4번 타자'가 투수로 나섰을 때 상대 팀의 대응을 살필 차례다. LG는 정상적인 순서의 타자가 나설 차례에 시즌 내내 마무리 투수 역할로 42세이브를 달성하여 최고의 마무리 투수 자리에 오른 고우석 선수를 대타로 내보냈다. 한국 야구선수 중 최고의 타자와 최고의 마무리 투수가 역할을 바꾸어 투수와 타자로 나가 경기를 치른 것이다.

롯데가 은퇴선수의 야구 생애를 복기한다는 의미로 이대호 선수를 투수로 내보낸 것은 그날의 히어로에 대한 예우였다.

상대 팀 LG는 코리안 시리즈를 앞둔 시점에 KBO 전체 선수 중 최고의 마무리 투수인 고우석을 타자로 내보낸다는 것은 결코 쉬운 결정은 아니었을 것이다. 투수가 타자로 나선다는 것은 많은 어려움이 따른다. 평소 쓰지 않는 근육을 써야 하고 익숙하지 않은 운동 자세로 인해 부상할 위험도 있다. 또한 상대 투수의 공에 맞을 수도 있는 위험 부담도 따르기 때문이다. 이 시즌에는 고우석은 LG에서 필수 불가결한 선수다. 최고의 마무리 투수가 타석에서 다치게 되면 그 여파는 상상을 초월할 것이 예상되는 문제다.

LG가 게임승리를 위해서라면 경기 후반인 8회의 아웃카운트 1개의 소중함을 모를 리 없는 감독으로서는 고우석의 출전 결정을 고

심했을 것이다. 그러나 결론적으로 그 모든 위험과 고심을 감수하고 고우석을 대타로 타석에 서게 했다. 그는 적극 스윙하여 이대호의 4구째 공을 공략했지만, 볼은 투수 앞 땅볼이 되어 물러났다. 이대호는 투수로서 아웃카운트 1개를 잡아내고 홈 팬들 앞에 훌륭한 경기 수행 모습을 선사했다.

 팬들은 투수 이대호와 타자 고우석을 향해 기립박수를 보냈다. LG는 20여 년을 야구선수로 활동한 야구인 레전드를 향해 최고의 예우를 표한 셈이다. 이날 LG팀의 태도는 경기장에 있는 관람자나 TV로 시청하는 모든 야구 동호인에게 흐뭇하고 여유를 지닌 품격의 태도를 보게 했다. 치열한 승부의 세계에서도 낭만이 자리한 것이다.
 이날 행해진 예우와 배려, 떠나는 동료를 향해 베풀어진 따뜻한 우정의 모습에 야구장을 찾은 관객과 시청자들은 박수갈채를 아끼지 않았다. 근래에 여의도에서 뿌려대는 오물에 상처를 입고 사는 국민은 허허로운 마음에 한 줄기 청량한 바람을 느꼈으리라. 그 볼품 잃은 무리가 그날 하루만은 여의도의 문을 닫고 야구장에 나와서 한 야구인의 은퇴 장면이라도 보면서 젊은 야구인들의 페어플레이라도 배워 갔다면 더 가치 있는 날이 되지 않았을까?
 협치는 말로서만 되는 것이 아닐 것이고 초등생도 이해할 수 있는 어문의 이해력마저도 의심되는 사람들이 국정을 논하고 있으니, 오호통재라! 시대에 아첨하며 자신의 색깔을 바꾸기에 바쁜 군상들. 일의 기미를 눈치로만 살피며 얼굴색 꾸미기만 급급한 채 자신의 흠결엔 관대하고 주변의 잘못을 억써 파헤치는 데만 혈안이 되어 있다. 지적질에만 망설임이 없는 추악한 그 꾼들의 행태를 보기에 신물이 났다.

 '조선의 4번 타자'여! 은퇴하는 날에 그 무리를 장외 홈런으로 날려 보낼 수 있었다면 더없이 좋았으련만….

# 트로트 열풍

 코로나 펜데믹으로 세상살이에 많은 변화가 있었다.
 대중문화의 한 단면에도 큰 변화가 있었으니 트로트 열풍이 일어난 것도 한 가지 사례이지 싶다. 외출이나 여행도 절제해야 했고 음악회나 공연 등도 제한되어 관람마저도 만만치 않은 세상으로 변해 버렸다. 이런 변화된 사회적 여건으로 사람들 대부분은 자신에게도 타인에 대해서도 답답함이 쌓여 갔음이 분명해 보였고 이렇게 변모된 세상은 대중의 일상생활마저 활기를 잃게 했다. 차제에 어떤 활력소가 기대되는 분위기를 헤아렸는지 TV 방송국은 트로트 가요제를 기획하여 여러 계층의 시청자들로부터 인기를 끌어오고 있다.

 한국인의 정서 깊은 곳에는 가무를 즐기는 성향이 내재되어 있는 듯하다. 이런 정서는 전국 어디에서나 노래방이 성업을 이루고 있다는 사실에서도 엿볼 수 있다.
 방송국 연예 기획자들은 코로나 시대에 시청자들의 답답한 생활상을 간파했을 것이고 그 헤아린 감각이 전 국민이 즐기며 호응할 수 있는 탈출구로 트로트 경연을 제공한 것이 아닐까 싶다.
 남녀별로 진행된 경연에는 상당한 상금이 걸렸고 도전자는 나이의 제한도, 기성과 신인의 제한도 없이 참여 자격을 개방했다. 많은 지원자가 방송국 자체 심사로 공연 개시 전에 걸러졌다 했다. 이를 통과한 지원자들은 이미 상당한 수준에 도달해 있었으며 TV 방송에 출연하는 그 얼굴이 그 얼굴인 기성 가수들이 아니란 점에서도 시청자의 관심을 끌어 올렸다.

우승 트로피를 향한 경연 절차는 레전드들의 채점을 비롯하여 관객과 시청자가 보내는 호응 점수까지 합산하는 방식이 택해졌다. 이런 방식은 경연의 재미에 더해 전국 시청자의 몰입을 유도하는 치밀한 기획이 돋보였다. 경연 내내 관심을 배가시키며 남녀와 세대를 초월하여 시청자의 심금을 울리며 전국을 흥분의 도가니로 몰고 가기에 충분했다.

트로트 가사는 절절하게 현실을 표방하고 있다. 사람들은 '눈이라도 마주해야 사랑을 하고' '앉으나 서나 당신 생각'을 하며 사랑의 속성에 잠긴 채 살아간다. 우리들 삶에는 '한 구절 한고비 꺾어가면서 사랑도 하고 이별도 하며' 눈물짓는 '네 박자'가 진실이라 여기며 살아가는 것이다.

인생살이가 사람과 사람이 만나 사랑도 하고 이별도 하고, 행복에 젖은 채 살다가도 쓰라린 가슴을 안은 채 생의 뒤안길을 서성이기도 하는 것이 아니던가.

'어쩌다 생각이 나겠지. 냉정한 사람이지만, 그렇게 사랑한 기억을 잊을 수는 없을 거야'라며 탄식하고 절규하는 사랑도 있는 것이다. '그저 바라볼 수만 있어도 좋은 사람'이다가 '그리워 떠오르면 가슴만 아픈 사랑'이 되고 말기도 한다. 그리움만 남겨 놓고 가버린 임에 대한 사랑했던 기억에 목메는 연인은 가슴에 남겨진 그 상실의 상처를 노래로 달랜다. 연기적 세계관을 담고 있는 노래는 '네가 있다는 것이 나를 존재하게 하며, 바로 네가 있어서 나는 살 수 있다'라고 노래하는 것이다.

외로운 이는 외로워해야 하고 슬픈 이는 슬퍼해야 한다. 그런 다음에라야 트로트 한 곡이라도 부르며 그 심연을 벗어나고자 발버둥이라도 칠 수 있는 것이리라.

삶에 부대끼다 보면 세상살이가 힘들어 한탄도 하게 되는가.

'아! 테스 형 세상이 왜 이리 왜 이렇게 힘들어' 일흔 넘은 트로트계의 황제도 그의 예술혼을 잠재우지 못해 철학자의 이름을 빌려 생을 위로하며 노래를 불렀다.

트로트 경연을 보는 사람마다 좋아하는 가수에 열광하여 감격하고 눈물 흘리며 그들이 부른 노래를 따라 열창한다. '보랏빛 엽서'에 눈물짓고 '막걸리 한잔'에 삶의 시련을 위로받으면서 '그 높은 곳에 함께 가야 할 사람은 당신뿐'이라며 사랑하는 이를 되새기며 다독이는 것이다.

예순이 넘고 일흔이 넘은 나이라도 마른 가슴만 남은 것은 아니다. 이 나이 사람들 가슴에도 한 움큼 낭만의 연민이 남아 있음을 부정하고 싶지 않다. 다시 못 올 것에 대하여, 가버린 세월이 서글퍼지는 것에 대하여 트로트 한 곡을 읊조리며 낭만과 잃어버린 청춘의 미련을 곱씹어 보는 것이다.

　모든 예술의 표현 목적은 궁극에는 공감과 감동이다.
　은폐된 것 같아도 기성세대의 트로트에 대한 은근한 물밑 사랑은 흔들리지 않았다. 질긴 생명력의 음악이다. 우리들 생활 속에 지금도 노래방에 가면 스스럼없이 트로트 한 곡조 뽑고야 마는 '백 투 더 트로트' 관습은 꺾이지 않는 위상으로 자리하고 있다.
　트로트 음악의 힘은 전 국민과 세대를 포괄한다. 트로트 가요의 가사는 복잡 난해하지 않고 추상적이지 않고 옆자리 사람과 이야기하듯 단순하고 진솔하다. 트로트가 대중의 사랑을 받는 까닭은 솔직성과 단순성 때문이 아닐까. 그래서 감동의 폭이 더욱 큰 것 같다. 살다 보면 인생은 더 보탬도 더 줄임도 없는 유행가 가사라고 말하기도 한다. 심오한 인생론도 두꺼운 껍질을 벗고 나면 한낱 유행가 가사일 뿐일지도 모른다.
　트로트 경연대회가 일으킨 트로트 붐은 가요 애호가들의 마음을 울리고 환호에 휩싸이게 하고 애환을 달래 주었다. 당분간은 트로트 붐이 사람들의 감정을 사로잡으며 쓰린 눈물도 닦아 주며 위로를 안겨 주지 싶다.

- 월간 『문학공간』 (2025. 9월호)

## 머리 없는 날

　골프 운동을 40대에 처음 접했다. 머리 없는 날은 골프장에 처음 나가는 날인데 그날이 있기까지는 골프 연습장도 다녀야 하고 여러 가지 기초를 닦는 과정도 거쳐야 했다.

　서울 본사 근무처를 떠나 부산과 경남지방에 거래선 개척의 명을 받아 부산에 주재하게 된 것이 골프를 접하는 계기가 되었다. 단신 부임하여 사무실을 임차하고 숙소도 마련해야 했으며 직원을 모집하는 등 여러 가지를 구비하고 정착시키는 일에 매달려야 했고 더불어 신규 거래처 발굴 임무를 수행하느라 수개월이 지나갔다.

　가족이 있는 생활 근거지가 서울이었지만 주말마다 다녀오기에는 시간도 비용도 만만치 않았다. 1980년대로 KTX도 개통되기 전이어서 서울, 부산 간 열차 편은 5시간 이상이 소요되던 새마을 열차 운행 시절이었다. 부임 초기에는 과중한 업무로 주말을 소일할 여유도 없었으나 반년이 지나자, 일상에도 다소 여유가 생겼다.

　주말을 보내는 데는 부산에 거주하는 동창 친구들과 어울리기도 쉽지 않았다. 가족과 더불어 지내는 친구들의 주말 시간도 고려해야 했고, 그들이 누리는 취미 생활이 나와는 서로 달라 함께 어울리기에는 여러 제약이 따랐다. 그런 즈음에 친구들로부터 골프를 배우라는 성원에 힘입어 골프 연습장에 나가게 되었다. 운동을 즐기는 성향에다 딱히 일과 후의 시간이나 주말 시간을 메우는 데는 동반자가 없어도 되는 골프 연습이 시간 메우기에는 안성맞춤이었다.

연습장에 다닌 지 몇 개월이 지나자, 친구들이 골프장에 나가길 권했고 '머리 얹어 주겠다'라는 제의도 받았다. 연습장과 달리 실제 골프장 필드에서는 경기 진행이 어떻게 이루어지는지가 궁금했다.

요즘에야 TV에 골프 채널이 있어 골프 경기 시청이 보편화되었지만 거의 40여 년 전인 그 당시에는 골프가 일반인에게 널리 친숙하지도 않았고 골프장도 전국을 아울러도 20여 개에 불과했다. 친구들의 골프하는 모습을 보면서 경기 진행 방법과 감각도 느껴보고자 갤러리로서 참가하기를 청하여 약속한 날 골프장에 일찍 나갔다. 난생처음 필드의 초록 잔디를 밟아 볼 수 있다는 생각에 약간의 흥분된 기분을 지닌 채 친구들을 따라 티잉 그라운드로 따라나서려는 순간 제동이 걸렸다. 친구들은 약을 올리려는지 웃으면서 출입 불가 사유를 설명했다.

공식 경기가 있는 날, 필드가 개방되어 갤러리 출입이 허용된 날 외에는 당일 예약 손님이 아닌 일반인의 필드 출입은 제한된다면서 자기들이 운동을 마칠 때까지 5시간 정도를 식당에서 맥주나 한잔하면서 기다리라고 했다.

"운동 경기장 관람을 제한한다니 무슨 이런 운동이 있단 말인가?"

넓은 필드에, 경기에 지장을 초래하는 것도 아니고. 골프 경기 이해를 위해 친구들의 경기를 관람만 하겠다는 예비 골프 애호가를 이렇듯 문전박대하다니! 골프장의 처사나 친구들의 이죽거리는 모습에 대한 의문을 풀 수 없었다. 후일 그 친구들의 뒷담화로는 처음 시작하는 사람에게 골프에 대해 좀 더 간절함을 느끼게 하고 골프가 쉽게 범접할 수 있는 경기가 아님을 가르치려는 그들의 술책이었다고 말했지만 지금도 그때의 그들 태도에 대한 의문은 풀리지 않고 있다.

그날의 실망을 풀어주려는지 2주 지난 주말에 '머리얹어 주는 날'이라며 정식으로 초대되었다. 필드에 나가는 그 첫날에 그동안 '연습장에서 열심히 했나 보다'라는 소릴 듣고 싶어 한 주 내내 더 열심히 연습하고 가까운 사람들에게 드디어 필드에 나간다고 알리기도 했다. 머리 얹으러 나간다는 소릴 들은 아름답고 사랑스러운 친구가 주중에 한 통의 편지를 보내왔었다.

「그립, 스텐스, 스윙, 낯선 말들이 익어질 때 시집을 간다. 울창한 숲, 초록빛 고운 잔디 위에서 푸른 하늘에 하얗게 떠 가는 볼을 머리에 이고서.

클럽, 볼, 티, 골프 백, 골프화, 장갑, 헤드 카바, 혼수품을 제대로 챙겨서 웃으며 시집을 간다. 딸 낳으려고.

시집 식구가 몇 일까, 열여덟, 칠천 야드면 페백드릴 때 허리께나 휘겠는걸.

'시' 자가 들어가면 뭐든지 껄끄럽다는데, 티잉 그라운드로 시작해서 러프, 페어웨이, 샌드트랩, 워터헤저드 힘들게 하지만 밉고 곱기는 제 할 탓이니, 어프로치한 볼이 홀에 붙을 때의 기분으로 살 날이 오겠지.

　서방님 모시고 백년해로 하시길!」


　'시'자가 들어가면 껄끄럽다는 말을 가슴에 지니면서도 흥분과 기대가 충만한 채 시집가서 '머리 얹는 날'을 기다린 그 일주일은 미소를 머금게 한 옛 시절의 추억 한편이다.

　시집가는 그날, 티 박스에 서니 눈앞이 깜깜해졌다. 입스(압박감으로 인한 어처구니없는 실수)가 왔었다. 그 후로도 그걸 없애려고 한참이나 무진 애를 태웠다.

　골프는 잘 못 친 공에 대응해야 하는 스포츠다. 인생과 닮았다. 그러기에 쉽게 포기할 수 없는 운동이다. 성격으로는 집중력과 승리욕도 약간 있는 성향이라 짧은 기간 내에 입스도 극복했다. 주말 골퍼로 적절한 스코어를 유지했기에 중년 시절에는 즐기는 취미로도 삼았다.


　골프는 자연 친화적인 필드에서 여유와 즐거움을 누리면서 친구들과 우정을 나눌 수 있는 참 좋은 스포츠다. 그러나 이제는 골프도 취미에서 벗어나 있다. 칠순 중반을 넘으니 드라이브 거리도 엄청나게 줄어 들었고 골프채 콘트롤도 무디어졌다. 스코어도 보기 플레이어(핸디 18)는 고사하고 스코어 100(핸디 28)을 넘기지 않으려고 기를 쓰게 되었다. 그렇지만 왕년에 누리든 주눅 들지 않던 플레이어의 자존심도 세월 따라 무너지니 채를 놓아야 했다.

서방님 잘 모시고 백년해로하라는 격려의 편지를 받고 '머리 얹는 날'에 필드에 나간 골퍼가 있을까? 어프로치 볼이 홀에 붙을 때의 기분으로 골프장을 즐겨 다닌 세월도 있었다. 골프를 떠올리면 친구들과 함께한 즐거운 추억과 함께 가슴에 떠오르는 추억의 편지 또한 잊지 못할 인연의 편린으로 남아 있다.

골프도 삶도 밉고 곱기는 제 할 탓인 엄연한 현실을 깨닫기엔 굳이 긴 세월이 꼭 필요한 것이 아니었는데, 골프를 즐긴 시절도 흘렀고 세월도 흘렀다. 이젠 먼 발치에서 그때를 회상하며 지내는 시간이 길어졌다.

# 달리는 사무실

'달리는 사무실'과 '정원에서, 욕실에서, 부엌에서'란 말을 기억에서 회상해 낼 수 있는 사람은 아마도 70대 이상의 연령층일 것이다. 1980년대 초에 우리나라에서 처음으로 출시되었던 차량용 이동무선 전화인 '카폰'과 '가정용 무선전화기'에 붙여진 광고 카피이기 때문이다.

오늘날은 핸드폰이 누구나 사용하고 있는 일상생활의 필수품이지만 1980년대 초반까지만 해도 일반인의 통신수단은 전화기를 이용한 유선통신만이 가능했다. 남북한 대치 상황에서 전파를 이용하는 무선통신은 보안상의 문제로 극히 제한되어 사용되었으며 군경이나 특수 임무를 수행하는 분야에만 선별적으로 사용이 허용되고 있었다.

전화기는 인류의 의사 소통방식을 혁신적으로 변화시킨 기기 중 하나다. 초기의 전화기는 아날로그 방식으로 전기신호가 전선을 통하여 전달되어 통화가 이루어졌다. 기술 발전과 함께 디지털 통신이 도입되면서 전화기 기능도 크게 확장되어 가정용 무선전화기와 카폰도 상용화되기 시작했다. 이러한 변화는 통신방식을 한층 더 자유롭고 편리하게 만들어 주었다. 무선전화기는 전화기가 있는 곳으로 가야만 통화가 가능한 방식에서 전화기를 사람이 있는 곳으로 옮겨 와 통화가 가능하게 했고 카폰은 차량으로 이동 중에도 통화를 할 수 있었기에 개인의 생활 및 업무 처리 방식에 큰 변화를 불러왔다.

1970년대 후반까지는 전화 보급률이 낮아 일부 부유층만이 집에 전화 설치가 가능했다.

그 시절에는 나라 전체의 기간(基幹) 통신망이 열악하여 서울에서 고향으로 전화하려면 중앙전화국으로 가서 시외전화를 신청하고 한두 시간을 대기해야만 통화가 가능한 시절이었다.

경부고속도로 개통과 더불어 시행된 국가 통신시설 확충 사업은 대일차관 자금에 포함된 통신시설확충용 자금 2천만 불에 의해 촉진된 것으로 기억된다.

1980년대 초반 일반가정에 설치된 전화기의 활용도를 높일 수 있는 가정용 무선전화기가 보급되었다. 전화가 걸려 오면 전화기 쪽으로 갈 필요 없이 받을 사람이 있는 곳으로 무선전화기를 가져가 통화를 할 수 있는 편리성은 생활의 변혁을 가져다준 매력적인 제품으로 호평을 받았다.

우리나라에서 차량용 이동 무선전화기가 상용화된 때는 1984년이다. 체신부 산하에 한국이동통신(주)이 설립되었고 그해 4월에 카폰 시장이 개방되었다. 카폰이 개방되기 전에는 정부 기관 등 일부 계층만 348대가량의 무선전화 사용이 허용되어 있었다.

이때의 통신 방식은 남산에 설치된 무선중계소의 교환원을 통하여 상대와 접속할 수 있는 간접통화 방식이었다.

차량용 이동 무선전화 카폰의 통화방식은 무선전화기 자체가 전파를 송수신하는 무선국의 역할을 하는 데 있다. 발사된 전파 정보들이 무선 기지국을 통해 연결되는 셀룰러(Cellulase) 네트워크를 기반으로 하며 이를 통해 공중전화망(PSTN)과 연결되는 것이다. 이런 기술적인 요구조건과 관련 시설이 충족되어야 하므로 카폰의 초기 시장 개방은 서울 지역에만 2,500대에 한정되었다. 개방 당시는 국내에서 생산된 완제품 카폰이 없었으며 국내 업체와 외국회사와의 기술제휴로 정부가 통제하는 국산화율(부품국산화율 20%)을 충족한 생산 제품만 판매가 허용되었다. 참여 업체는 초기에 LG를 비롯한 4개 업체였으나 수개월 후 삼성도 참여하여 5개 업체가 판매 허용된 2,500대 선점을 위한 치열한 혈전이 전개되었다. 카폰 가격은 설치비를 포함하여 250~400만 원을 넘는 고가였으며 그 당시의 포니2 승용차 가격보다 높아서 부유층이나 고위층만이 사용할 수 있었던 넘사벽 사치품이었다.

치열한 판매전은 참여 회사의 명예와 자존심이 걸린 문제였다. 판매량 확대를 위한 기발한 마케팅 기법들이 동원되었으며 효과적인 광고 방안 모색도 그 일환이었다.

광고는 소비자들의 인식에 영향을 주려는 의도로 제작되지만, 다른 한편으로는 광고를 통해 소비자들에게 유용한 정보를 제공해야 하는 데 있다. 가정용 무선전화기와 카폰이 국내에 최초로 출시되었으므로 제품 개요, 사용 방법, 편익성 등 충분한 정보 제공으로 제품에 대한 인식과 이해를 확산시켜야 했다. 이를 위해 자사 제품의 이미지와 신념을 고양하며 소비자 태도에 영향을 미칠 수 있는 광고 방안들을 도출해야 했다.

마케터들의 가장 큰 임무는 창의성 있는 광고 메시지 개발은 물론 효과적인 매체 선택으로 소비자들이 자사의 광고를 접하도록 유도해야 한다. 소비자가 광고에 주의를 기울이며 메시지를 이해하고 기억하게 함으로써 궁극적으로 자사 제품을 선택하도록 하는 데 있을 것이다.

당시 근무처는 LG 그룹 내의 통신기 전문 회사였다. 광고는 대체로 생산회사와 그룹 내의 광고 전문 회사와의 협업으로 시행안이 제작되었다. 광고 기법은 전문 회사의 몫이지만 제품 자체의 이해도는 생산 업체가 더 많은 정보를 가지게 마련이다. 제품 개요, 소비자 대상이나 계층, 활용도, 경쟁 요소 등을 포함한 의견을 제시하였다.

가정용 무선전화기는 전화기 개념을 '무선' 전화기라는 데로 확장해야 했다. 또한 그 활용 면의 편의성에 유의하여 제시된 의견이 '정원에서, 욕실에서, 부엌에서'인데 이동하며 사용할 수 있다는 점을 부각한 결과로 그 문구가 광고 카피로 선정된 것이다.

한편, 카폰은 차량에 탑재되는 무선전화기이며 사용자가 최고위층에 겨냥되어 있다는 점이었다. 이 계층의 카폰 사용자는 승용차 시승 중에 업무 수행의 빈도가 높을 것이고 상당 부분의 직무를, 카폰을 이용하여 수행할 수 있음에 비추어 사무실 역할의 대행 뜻으로 '달리는 사무실'을 제안하여 이 문구가 채택되었으며 이 광고 카피가 여러 매체를 통해서 날개를 달며 붐을 일으켰다. 경쟁사들이 탐이 났는지 'H' 사가 표방한 '달리는 집무실'이란 광고도 '달리는 사무실'이란 카피에 흡수되는 듯했다. 광고 효과도 있었겠지만, 그룹의 힘과 회사의 총체적 지원으로 2,500대 중 930여 대를 판매하여서 참여한 5개 업체 중 점유율 1위를 달성한 실적은 지금도 가슴을 뛰게 하는 성취감으로 남아 있다.

스마트 폰의 등장은 전화기의 진화를 더욱 가속화하고 있다. 전화기의 진화는 사회 전반에 큰 영향을 미치고 있으며 단순한 의사소통 수단을 넘어 삶을 풍요롭게 만드는 필수품이 되고 있다. 스마트 폰은 단순한 통화 기능을 넘어 인터넷 접속, 다양한 애플리케이션 사용, 사진 촬영. 영상 통화 등 다방면의 기능을 제공하면서 사람들의 소통방식뿐만 아니라 정보 소비 방식에도 큰 변화를 불러오고 있다.

소개한 두 가지 광고 카피는 오늘날에는 이미 고전이 되어 기억조차 하는 사람이 많지 않을 듯싶다. 그러나 젊은 시절 열정적으로 일했던 추억 속에는 광고 제작에 참여하여 탄생시킨 그 문구들에 애착과 자부심을 느낀다. 전자 산업을 선도해 온 LG 그룹의 통신기 사업 회사에서 근무했기에 국내 최초로 출시된 체신 1호 제품들인 가정용 무선전화기, 카폰과 팩시밀리 판매를 담당했던 영업부서장 시절을 회고하면서 보람 있었던 젊은 날들에 미소를 머금게 된다.

## 헌책방 골목

고향 부산을 방문하면 해운대에서 유숙하면서 통도사 사찰도 다녀오고 태종대 등 몇몇 바닷가에도 들르면서 옛 시절 추억이 남겨진 거리를 거닐어 보기도 한다.

이번에는 부산이 고향인 사람이지만 긴 시간 잊고 있어서 발이 닿지 않았던 곳을 들르게 되었다. 고등학교 시절 모교가 야구 명문고라 야구 경기가 있는 날은 대신동 구덕 경기장으로 단체 응원을 가기도 했으며 경기가 끝나면 우리들은 삼삼오오 어울려 보수동을 거쳐 번화 거리인 광복동 쪽으로 걸어 내려오곤 했다.

뒤돌아보아도 그 당시 스쳐온 길 부근에 있었다는 소규모 책방들은 기억에도 흐릿하고 인상도 뚜렷하지 않은데 그곳이 이제 부산의 명소가 되었다 하여 방문길에 나섰다.

그 장소는 부산 보수동에 자리한 '헌책방 골목'이었다.

이곳으로 들어설 수 있는 어귀에 골목을 안내하는 커다란 조형물과 전광판이 세워져 있었다. 간판이 발길을 이끌었다. 넓지도 좁지도 않은 골목길을 따라 왼쪽에도 오른쪽에도 헌책방이 죽 널어서 있었는데 좀 생소하고 이색적인 느낌을 받았다. 서울에도 청계천 등 여러 곳에 헌책방이 있을 테지만 이렇듯 골목 한곳에 50여 책방이 모여 있기로는 부산이 으뜸이지 싶다. 그래서인지 이곳 헌책방 골목은 서울의 청계천 책방 거리와는 사뭇 다르게 보였다.

보수동 헌책방 골목은 6.25 전쟁이 일어나면서 피난 온 사람들이 하나둘 모여 헌책 장사를 꾸려오다 오랜 세월이 흐르면서 오늘날의 모습을 형성하게 되었다 한다. 이 골목 주위에는 여느 사람들이 사는 작은 집들과 해묵은 아파트도 있으며 가파른 비탈 골목과 비탈계단도 있다. 골목길에서 이어지는 길을 따라 민주공원으로 오르면 먼발치의 송도 앞바다도 바라볼 수 있고 이곳 골목길 건너편에 부평시장과 국제시장이 이어지며 깡통시장을 지나면 곧바로 광복동과 자갈치 시장에도 닿는다. 모두가 지척인 거리에 있다.

헌책방 골목으로 들어갈 수 있는 길목마다 푯말을 세워 두었고 길바닥에는 거닐기가 쉽도록 바닥 돌을 새롭게 깔고 그 돌에다 '헌책방 골목'이라는 글도 새겨 놓았다.

이곳에는 참으로 오래도록 이 골목을 지키며 헌책 한 권으로 삶과 자부심과 사랑을 이어오신 분들이 있고 이제는 젊은 책 지기도 보이며 변함없이 책을 보듬으며 책 살림을 살고 있는 분들의 정성도 넘쳐나고 있었다.

보수동 책방 골목에 들어서면 과거와 현재가 어우러져 잘 물든 단풍빛으로 드러난다. 시대를 아랑곳하지 않는 수십만 권의 책들이 골목 책방마다 서거나 눕거나 혹은 책시렁에 꽂혀 있다. 흩어져 있는 책들의 모습이 오히려 보는 이를 편하게 한다. 책이 탄생한 세월이 졸고 있고 흐르는 세월도 발을 멈추고 책 냄새를 맡으며 책의 소리를 듣고 있다. 두텁거나 얇거나, 크거나 작거나, 한 권의 책 속에 차곡차곡 스며든 책 지기들의 삶과 인고가 세월과 더불어 오롯이 담겨 있다.

아무리 바쁜 사람도 이 골목에 들어서면 발걸음을 멈추고 책의 모습에서, 책의 이름에서 지나온 세월을 회상하며 서성이게 될 것이다. 오래되고 묵혀진 그 책들의 제목만으로도 자신이 살아온 뒷모습을 반추해 낼 수 있을 것이다. 눈으로 읽고 가슴에 새겨온 글들이 추억을 회상시키며 삶의 얼룩과 무늬가 그 헌책들 자리에서 그늘을 지워낼 것이다.

헌책방 골목 책 지기들은 책 하나로 사람들을 만나면서 책 하나에 사랑을 담아내는 길을 튼튼하게 지키고 있다.

지난 2004년부터 이곳에서는 '보수동 헌책방 골목 잔치'가 열리고 있다 했다. 이 책 잔치는 보수동에 깃든 헌책방 골목에서 헌책방을 꾸려나가는 이들이 푼푼이 모은 돈과 슬기와 힘을 끌어모아 열린다고 했다. 헌책방 골목을 북돋우는 일은 그저 책 하나에만 연관된 일이 아니며 책의 흐름과 책 문화와 이어지는 일이라 했다. 새 책방과 도서관과 헌책방, 이 세 곳이 물 흐르듯 잘 이어져야 책을 즐기는 문화 또한 새롭게 거듭날 수 있단다.

이 분야에 대한 오늘날의 여건은 정책도 보기 어렵고 헌책방을 마주하는 세인의 눈길도 낮은 게 사실이라는 책 지기들의 평가다.

다른 지역에는 헌책방 거리를 알리는 푯말조차 보이는 곳이 없단다. 오직 부산에만 멋들어진 조형물까지 세워지고 명소로도 자리매김하고 있는 듯해서 항도 부산이 고향인 사람으로서는 자부심을 느꼈다. 타지방보다는 나은 편으로 적으나마 시(市)에서 여러모로 뒷배를 하고 있다니 다행이고 고마운 일이다.

나날이 책을 읽는 사람이 줄어든다고 하지만 책방을 찾는 발길은 꾸준하고, 책 장사가 힘들긴 하여도 헌책방 지기 모두는 진종일 책 한 권, 한 권을 알뜰히 손질해서 책시렁에 곱게 꼽고 있었다. 이 골목에 들어서고서야 이곳이 문화 골목에서 풍기는 느낌과 향이 배어나는 빛깔 가득한 골목임을 알게 되었다.

세월이 흐르면서 책 지기 사람들이 겪고 치르고 브대끼며 살아낸 즐거운 책 놀이 이야기가 쌓여 갈 것이다. 헌책방 골목 시간이 얼마나 보람 있고 성실하게 책 살림을 꾸리며 쌓여왔는지, 이 골목을 찾는 반가운 책 손님들을 얼마나 기다리고 또한 즐겁게 맞이했는지가 전설처럼 엮일 것이다.

보수동 헌책방 골목이 이 나라의 진정한 문화 랜드마크의 한 곳으로 확고히 자리매김해 나가기를 기원하면서, 책 향기를 맡으며, 책 사랑을 서로 북돋우기를 염원하면서 책 한 권을 사 들었다.

제5부

**대서양 해변의 하루**

영랑의 길, 다산의 길
섬에서 보내는 가을
산티아고 순례길
대서양 해변의 하루
이스탄불 여행기
러시아 바이칼 여행기
바래길을 걸으며
지심도 바다 여행
홍도
백령도 여행

# 영랑의 길, 다산의 길

봄이 짙어진 계절에 남도 여행길에 나섰다.

남해에 닿아 있는 미항(美港) 미량에서 시작되어 내륙으로 깊숙이 파고든 피오리드형 해안인 강진만의 끝자락에 닿아 있는 고을이 강진이다. 강진만의 바다는 잔잔하고 정적이라 운치를 살리고자 은은한 호수라 불리기도 하는데 육지 쪽 해안 끝자락에는 갈대숲이 가득한 생태공원이 조성되어 있다. 여행길에 나서면 스쳐 지나는 고장이 있고 머물고 싶은 고장도 있게 마련이다. 강진에 머무르게 된 까닭은 영랑 생가에 피는 모란꽃과 숙소로 정한 사의제(四宜齊)의 이름에 이끌렸기 때문이다.

활짝 핀 꽃이 오래 머물지 않아 그 모습 보기가 쉽지 않은 꽃이 모란(목단)꽃이다. 꽃의 황제라 불리는 모란이 꽃 필 때를 조바심을 지닌 채 기다려서 꼭 가보고 싶은 곳, 꽃의 시구(詩句)가 절창이라 영랑의 고향 이름으로 불려지는 고장이 강진이다.

'모란이 피기까지는 나는 아직 나의 봄을 기다리고 있을 테요/ 찬란한 슬픔의 봄을'

4월 중순부터 피기 시작하는 모란 이야기와 꽃에 대한 예찬은 영랑의 시구를 읊조리게 하고 영랑길을 거닐고 싶은 마음이 일어나면 절로 가슴이 설레게 된다. 생가에 가득한 모란꽃을 탐미하고 집 뒤꼍으로 돌아들면 하늘 높이 솟아오른 대나무 숲과 아름드리 동백나무들이 집을 둘러싸고 있다. 계단을 따라 언덕 위로 오르면 한적하고 아담한 모란공원과 '세계 모란꽃 온실'에 닿는다. 산책하기 좋게 잘 정리된 공원 길을 따라 들면 영랑의 조각상이 있어 곁에 앉아 그의 시상(詩想)에도 잠겨본다.

사의제(四宜齊)는 다산(茶山)이 강진에 귀양 가서 살 때 거처하던 집 이름이다.

사의(四宜)의 뜻은 '생각은 마땅히 담백해야 하나 그렇지 않은 바가 있으면 그것을 빨리 맑게 해야 하며, 외모가 장엄하지 않으면 마땅히 단정해야 하고, 말은 마땅히 적어야 하나 그렇지 않으면 빨리 그쳐야 하며, 움직임은 마땅히 무거워야 하지만 무겁지 않은 바가 있으면 빨리 더디게 해야 한다'라는 뜻이다. '마땅하다'[宜]라는 것은 '의롭다'[義]라는 것이니 '의(義)로 제어함에 이른다'라며 그가 지내던 방에 이름을 붙여서 사의제라 했다. 여행길에 이곳을 숙소로 정한 까닭은 사의의 뜻도 헤아려 보고 선각자가 체류하였던 처소에 머물러 보고 싶은 생각이 마음을 움직인 까닭이다.

다산 정약용은 강진으로 내려와 18년을 살았다. 이곳 사의제는 다산이 처음 강진에 도착하고부터 만 4년을 기거하던 역사 공간이다. 조선시대 문예 부흥기를 이끌었던 개혁 군주 정조 대왕이 세상을 뜨자 당파싸움으로 시종하던 조정은 종교와 신앙 문제를 표면적 까닭으로(신유사옥) 피비린내 나는 정적 제거에 나섰다. 그 와중에 정약용 일가는 끔찍한 수난의 희생물이 되어 가족들이 한꺼번에 몰살당했다. 이때 정약용은 형 정약전과 함께 돌아올 기약 없는 귀양길에 오른 후 이곳에 당도하여 지친 몸을 처음 의지한 곳이 사의제다.

사의제는 조선 개혁 정신의 상징이자 실학의 정점이었던 고독한 선각자가 유배 생활을 시작했던 슬픈 곳이지만 다산 실학이 형성된 장엄한 첫 성지이기도 하다. 지금의 사의제는 강진군이 오랜 고증을 거쳐 정약용의 손때와 눈물, 회한과 좌절, 꿈이 숨 쉬듯 생생한 이곳의 동문 안쪽 우물가 주막집 터를 원형 그대로 복원하였고 몇 동의 한옥을 지어서 관광 숙소로 제공하고 있다.

다산은 사의제에서 만 4년을 지냈다. 그 후 강진읍 여섯 제자 중 한 사람인 이학래의 자택으로 옮겨 교육과 연구에 더욱 정진했다. 제자의 집에서 2년을 지낸 1808년 봄, 정약용은 해남 윤씨 가문이 가솔(家率) 교육을 위해 많은 장서를 보관하던 인근의 산정(山亭), 다산서옥(茶山書屋)에 들르게 된다. 아늑하고 조용하며 경치 아름다운 이곳에 머물고 싶은 마음을, 시를 지어 전했고 윤씨 집안은 흔쾌히 허락했다. 이곳에서 정약용은 비로소 안정을 찾고 후진 양성과 저술 활동에 몰두했다. 아울러 초당을 가꾸는 데 정성을 기울이며 집도 새로 단장했다. 이런 과정을 거쳐 윤씨 집안의 산정(山亭)은 다산초당(茶山草堂)으로 거듭났다. 다산은 1818년 유배 해제 때까지 10여 년을 이곳에서 머물며 다산학단(茶山學團)으로 일컬어지는 18명의 제자를 길러내고 불후 불멸의 저서인 '목만심서'를 비롯한 600여 권에 이르는 방대한 저술을 완결 짓는다.

당대의 조정으로부터 철저히 단죄받았던 대역 죄인이 민족의 큰 스승으로 부활하는 대서사시의 종장(終章)이 이루어진 곳이 바로 다산초당이다. 다산초당은 유배객의 쓸쓸한 거처가 아니라 선비가 꿈꾸는 이상적인 공간이자 조선시대의 학술사(舍)에서 가장 활기찬 학문의 현장이었다. 서각(書閣)에 귀를 기울이면 다산과 제자들의 토론 소리가 바람결에 실려 오는 듯했다. 초당 옆 숲길 가까이에 강진만이 내려다보이는 조그마한 정자가 있다. 정자에 나아가 풍광을 바라보는 선비의 심사는 어떠했을까. 때로는 두고 온 가족이나 귀양지에 머무는 정약전 형에 대한 연민에 젖기도 했을 터이지만 한때 조정에 머물렀던 기억을 어찌 쉽게 지울 수 있었을까? 그를 향한 나그네의 세속 심사가 지워지지 않았다.

초당 뒤편 좁은 산길 따라 십 리쯤 거리에 울창한 동백나무 숲에 쌓인 백련사(白蓮寺)라 불리는 절이 있다. 다산이 초당에 머물던 시절, 그 절에는 혜장선사(惠藏禪師)가 주석했다. 혜장은 뛰어난 학승으로 유학에도 식견이 높았다는데 다산의 심오한 학문 경지에 감탄하여 배움을 청했고 다산 역시 그의 학식을 높이 여겨 선비로 대했다. 두 사람은 수시로 서로를 찾아 학문을 토론하고 시를 지으며 차[茶]를 즐기기도 했다. 혜장이 비 내리는 깊은 밤에도 기약 없이 찾아오곤 해서 다산은 밤 깊도록 문을 열어 두었다고 전해진다. 바위틈 석간수나 대숲 아래의 샘물로 차를 끓여 초당에 앉아 차를 마셨을 것이다. 서걱대는 대나무 바람 소리와 백련사의 풍경소리 들으며 나누는 차담[茶談]은 얼마나 격조 높았을까. 헤아리는 마음마저 숙연해졌다.

    다산과 혜장이 서로를 찾아 나서던 길은 동백 숲과 야생화가 아름다운 길이다. 보고 싶은 친구를 찾아가는 설렘과 기쁨, 길에서 느끼는 행복이 있어서 더욱 아름다운 길이 되었으리라. 그 길을 걸었다. 절정기를 넘기면서 떨어진 동백 꽃잎의 붉은 열정이 오솔길을 덮고 있었다. 비록 한 잎의 꽃잎이었건만 전혀 추하지 않게 생을 마감한 순결한 열정은 주체할 수 없도록 심사를 전율케 하여 오솔길을 걷는 내내 걸음마저 서성이게 했다.
    강진은 탐진강 푸른 물과 월출산 깊은 골짜기마다 다산의 실학정신과 영랑의 시혼이 빛나는 고장이다. 자랑스러운 문화와 순결한 예술혼이 넘치는 영랑과 다산의 예전 길은 오래된 과거를 거슬러 헤아리게 한다. 영랑과 다산은 민족의 애환이자 민족문화의 자부심이며 시대를 초월한 민족의 큰 스승이다. 두 분의 고뇌와 철학이 스며 있는 이 길은 오늘을 사는 우리에게 시대를 초월한 깊은 공감과 감흥을 안겨 주고 있다.

- 계간지 『선수필』 (2022. 가을호)

# 섬에서 보내는 가을

가을이다. 남해 섬에 내려와 지내며 가을을 보내고 있다.

가을이 오면 섬마을의 하늘은 푸르고 높아지며, 바다도 더욱 맑고 푸르른 옥빛으로 빛난다. 맑은 하늘 아래 바다엔 햇살이 비단실을 풀어 놓은 듯하다. 파도가 바위에 부딪쳐 옥빛 물결을 쏟아 낸다. 섬마을에 가을이 내리면 사람들 얼굴이 밝아지고 눈동자도 맑아지며 따뜻한 정이 넘쳐나 보인다.

섬으로 온 지가 한 달 가까이 되어 간다.

계절 중에는 가을이 가장 맑고 푸르며 하늘이 높아지는 계절이다. 푸른 하늘과 푸른 바다가 사람의 마음을 맑고 푸르게 가꾼다. 사람이 자연 속에 잠기면 좀 더 순수해지고 성숙해지는 듯하다, 이 가을을 섬에서 지내기에 행복에 젖은 채 아름다운 자연 풍광에 안겨 계절을 찬미하고 있다. 해송 아래 마련된 벤치에 앉아 바다를 보고 있으면 지나온 시간의 결들이 드러나 보인다. 즐거웠던 시간도, 누군가와의 가슴 아픈 기억들도 스멀스멀 되살아나 미소를 짓기도 하고 가슴 저미며 후회하는 참회의 시간이 얼룩지기도 한다. 가을은 결실의 계절이라 했다. 마음에 스며든 거짓과 위선의 자국들을 지우고 정직한 자기 고백과 성찰의 시간을 갖는 것이 이 계절에 이루어야 할 결실의 방편이다. 얼룩지고 부끄러운 시간을 고개 숙이게 하고 가슴 깊이 참회의 시간을 채우는 것이 가을에 할 일이다.

가을이 내리면 섬마을은 결실과 풍요를 담아 넉넉한 풍경을 열어 보인다. 가을 들판이 익어가는 곡식들로 출렁이고 있다.

동트는 아침이면 하늘과 바다가 함께 열리며 천지가 붉은빛으로 가득해진다. 하늘과 바다가 새로운 하루를 창조해 내면 온 세상은 깨어난 날을 찬미할 채비를 한다. 세상 만물이 깨어나며 깨끗하고 청명한 대자연의 광휘 앞에 새로운 하루가 시작되는 기쁨을 맞게 되는 것이다.

일찍이 바래길을 드나들며 가족의 먹거리를 챙겨 온 섬마을 아낙의 끈질긴 생명력은 멈춤 없이 이어지고 있다. 섬 전체의 비탈진 언덕 어디라도 돌을 주워 층계를 쌓고 땅을 일구어낸 다랭이 논밭에는 아침부터 저녁까지 부지런한 농부의 손길이 머문다. 해 질 무렵 바다 건너 서편 먼 산 너머로 석양이 지면 집으로 향하는 노부부의 발걸음 따라 하루가 내린다. 살아낸 하루가 아름다운 노을 풍경 속에 잠기게 된다.

밤하늘엔 별들이 가득하다. 어둠이 깊을수록 별은 더욱 빛난다. 별빛은 달빛처럼 넘치지 않아 다정하다. 별빛은 화려하지 않아서 눈에서 머물다 가슴에 와닿는다. 별을 바라보면 꿈과 사랑을 노래한 시절들이 그리움과 설렘을 반추한다. 오늘따라 별을 바라보고 있으면 밤새도록 유성이 쏟아 내리던 타르사막의 밤하늘도 생각나고 오래된 시간에 잠겨진 이야기와 먼 곳의 소식들이 고개를 든다. 떠나간 사람의 얼굴이 떠오른다. 먼 곳과 먼 시간은 아름다운 추억을 일깨운다. 아름다움이 있었던 시절과 불러보고 싶은 이름은 인생살이의 허허로움도 달래주고 풍화되어 가는 마음을 위로해 준다. 먼 훗날에는 섬에서 홀로 지내는 이 가을도 멀어져간 행복했던 추억의 시간으로 회상될 것이다.

남해가 보여주는 아름다운 자연경관은 더 함도 덜 함도 없이 자연 스스로가 만들었고 만들어 가고 있는 풍경이다. 이 위대한 창조 앞에서는 인생의 무상함도 삶의 미학도 머리를 숙이게 되는 것이다.

삶의 아름다움은 어디에 있는 것인가? 자신의 내부인지, 외부인지? 머문 것인지, 떠돎인지? 부질없는 질문을 던지다가 하늘을 보고 바다를 보고 또다시 보기를 되풀이하고 있다.

"이 가을에는 모든 이웃을 사랑해 주고 싶다. 단 한 사람이라도 서운하게 해서는 안 될 것만 같다. 가을은 정말 이상한 계절이다."
법정 스님의 '가을 이야기'라는 글 속의 글귀다. 스님의 글이 아니어도 가을에는 만나는 사람마다 사랑을 나누고 싶고 누구에게라도 편지 한 장을 쓰고 싶다. 가을은 누구라도 모두 다 나와 같은 존재임을 깨닫게 되는 계절이다.

낙엽이 공중에다 파문을 일으키며 떨어지고 있다.

누구나 고통은 싫어하고 행복을 원하며 영원을 꿈꾸어도 떨어지는 낙엽을 보면 언젠가는 죽음을 마주하게 된다는 것도 깨닫게 된다. 가을에는 누가 가르쳐주지 않아도 이 엄연한 사실을 온몸으로 느끼게 되는 계절이다.

남해 섬마을에 노을이 내린다.

등 굽은 노부부가 진종일 밭에서 일하다 해지는 골목길을 돌아 집으로 돌아가고 있다. 촌노의 애잔한 모습이 눈시울을 젖게 하고 가슴에 숨어 있던 연민과 사랑의 눈을 뜨게 한다.

가을은 오랫동안 잊고 살아온 연민과 자비가 슬며시 살아나는 계절이다. 그래서 살아가는 모든 사람에게 맑은 눈물 어리게 하는 슬프도록 아름다운 계절이 가을이다. 이 가을을 아름다운 남해 섬에서 지내고 있어 더욱 축복받은 계절이다. 그 가을 속에 잠겨 있다.

- 〈남해미래신문〉 제351호. (2024. 7. 12.)

# 산티아고 순례길

올라(Hola)! 또는 부엔까미노

이 말은 세계 각국에서 모여든 순례자들이 '산티아고 데 꼼뽀스뗄라'로 향하는 순례길(까미노)에서 자연스럽게 만나 함께 걸을 때 미소 띤 얼굴로 나누는 인사말이다.

'안녕! 좋은 길 되세요'란 뜻의 그리 특별하다고도 할 수 없는 이 인사말이 순례에 나선 사람에게는 친근감과 용기, 격려를 보내는 말이 되어 지쳐 있는 순례자의 발걸음을 가볍게 하고 큰 힘과 위로를 안겨 준다.

가톨릭 신자는 아니지만 산티아고 순례길을 걷기로 마음을 정한 데는 나름의 뜻이 있었다. 여행을 좋아하는 약간의 방랑벽이 있음을 숨길 수 없지만 걷기를 즐기는 성향에다 종교의 힘은 과연 무엇인가? 왜 이토록 세계 각지의 신앙인이 한 사람의 사도 야고보의 무덤이 있는 이 성당을 향해 장거리 순례길을 즐거이 찾고 있는가? 나 자신은 불교 신자를 표방하는데 이들처럼 신앙심을 깊이 지니고 있는지를 반문해 보고 싶은 뜻도 있어서 순례길에 나서게 되었다.

산티아고로 가는 메인 루트는 프랑스의 '생장피에드포르'를 기점으로 높이 1,400미터의 피레네산맥을 넘어 장장 800킬로의 거리를 빠른 걸음으로도 한 달 이상이 소요되는 장거리 길이다. 아무리 버킷리스트에 담아둔 길이지만 팔순을 향해 치닫고 있는 나이에다 체력을 고려한 주위의 만류를 생각할 대 전 구간의 주파는 접어야만 했다. 반면에 순례길을 걸었다는 증명서(이게 왜 필요한지는 아직도 납득이 어렵다)를 받는 데는 최소한 100킬로 이상을 걸었다는 증빙이 필요하다기에 많은 순례자가 최단 구간으로 선택하는 순례길의 한 도시 '사리아(Sarria)'에서 산티아고까지 이르는 120킬로 구간을 선택했다.

까미노 걷기를 시작한 순례자들에겐 여러모로 낯설고 불편한 여건이 따른다. 길도 처음인 데다 숙소 선택도 어려움이 있다. 순례자 전용으로 마련되어 있는 공용 '알베르게'는 도착하는 순서에 따라 남녀 구분 없이 숙소를 배정하기에 여러 사람의 잠버릇도 견뎌내야 하는 불편이 따른다. 어떤 숙소에서는 빈대(베드버그)의 침공도 참아내야 하며 남녀 공용 샤워실과 취사장에서 씻고 빨래하며 낯선 나라의 음식에도 적응해야 한다. 그런 점을 고려하고 다른 순례자들에게 미칠 노장의 존재에 대한 불편함도 피하고 싶었다. 자신의 현지 적응과 편리함, 체력관리를 위해서도 숙소는 알베르게 선택을 피하여 일정별 체류 지역의 호텔을 선택하여 미리 예약하고 출발했다.

스페인 갈리시아(Galicia)주(州)의 까미노 길은 '유칼립투스' 나무 숲길이 많아 그늘이 넉넉하고, 평화로워 보이는 초록빛 목초지와 아름다운 농촌 풍경이 이어진다. 집마다 정원수로 심어진 동백꽃이 붉게 만개하여 마을을 더욱 아름답게 채색하고 있었다. 출발 전에 지녔던 이국 땅 순례길에 대한 동경이 현실이 되었다. 얼마나 더 멋진 곳을 체험하며 걸을 수 있을는지, 물병과 간식을 담은 작은 배낭을 짊어진 채 스틱에 의존하여 낮은 언덕을 넘고 숲길을 지나며 마을을 스치고 다시 목장 길을 따라 발걸음을 옮겨갔다. 순례길을 따라 오직 걷기만으로 목적지에 닿기까지는 자신만의 속도로 끝이 없을 듯 이어진 길을 묵묵히 천천히 걸어야 했다.

 길을 걷는 내내 이렇듯 국토가 넓은 스페인은 참으로 복 받은 나라라는 생각을 지울 수 없었다. 초록 들판과 목장들이 끝없이 펼쳐져 있었다. 목장에는 보리풀들이 따사로운 햇볕을 받아 은빛으로 빛나고 목장 경계목인 황매화 나무에는 노란색 매화꽃이 절정으로 피어 있었다. 노란색 금혼화도 길섶을 덮은 채 지천으로 피어 있고 사이사이에 수줍은 듯 흰 꽃 데이지, 분홍장구채, 맑은 남색의 섬꽃마리, 보라색 드람불꽃도 소담스레 얼굴을 내밀고 있었다. 줄기도 길고 꽃도 엄지손가락보다 큰 크기의 보라색 클로버꽃이 눈길을 끌었다. 젊은 시절 클로버 꽃으로 꽃시계를 채워주었던 고국에 있을 임이 그리웠지만 꽃에다 눈길만 주면서 허전함을 달래며 묵묵히 걸었다.

 순례길을 걷는 동안 고마웠던 것 중의 하나가 길을 안내하는 표지석이었다. 주로 돌의 표면에 조개껍데기 형상이 새겨져 있고 그 아래에 노란색 화살표가 새겨져 있다. 방향을 가리키는 노란 화살표는 순례길의 길잡이며 그 아래에 남은 거리가 쓰여 있어 여정을 가늠할 수 있다. 인생살이에도 선택의 기로마다 길을 안내하는 그런 표식이 있다면야 얼마나 좋았을까. 어려운 결정을 위해 많이 부닥쳐 본 사람일수록 방향을 제시하는 조력이 더욱 절실한 법이다.

순례길을 걸으며 순간순간 행복감에도 젖는다. 아름다운 자연경관, 순례자들과의 다정한 눈인사, 자기가 선택해서 길을 걷는 행복감이 가슴을 벅차게 한다.

산티아고 길은 마음의 고통, 번뇌, 삶의 무게를 내리는 간절한 마음으로 기도하며 걷는 길이었다. 종교를 지닌 신앙인이 아니라 하더라도 순례길 곳곳에 자리한 십자가가 있는 교회나 성당(묘지를 겸한 경우가 대부분이다)을 지나칠 때는 마음이 숙연해지기 마련이었다. 삶이란 무엇이며 어떻게 살아야 하느냐는 원초적 질문을 가슴에 담게 되는 것이다. 가끔 나의 심성과 다르게 불쑥 튀어나왔던 행동들, 그런 무례함과 위선 뒤에 숨겨진 가당찮은 욕구, 괜찮은 사람이라고 평가받고자 했던 허물들, 바로 그런 자세들은 이 길을 걸으며 버리고 지워버려야 할 습성임을 자인하며 걷고 있었다.

순례길에 참가하는 한국인이 많기도 했으며 한국인이 많이 참여하는 무슨 이유가 있는지 질문을 받기도 했다. 먼 나라의 동양인이 찾아와 낯선 스페인 땅을 걷는 모습이 그들의 눈에는 신기하고 궁금하기도 한 모양이었다. 치열한 경쟁과 힘든 일상에서 벗어나 자신의 삶을 뒤돌아 보고 싶은 열망이 강했기 때문일까? 한국에도 좋은 길이 많이 있지만 산티아고 길은 한국에서 기대하기 어려운 공간적 격리감이 있고 멀고도 긴 거리에다 긴 일정이 소요된다는 점이 다르다. 오직 혼자만의 고독한 시간을 지녀서 자아 성찰의 기회를 얻고자 순례길을 택하는 것일는지, 순례자마다 참여 의도도, 목적도, 각오도, 다르리라 여긴다.

산티아고 도착 직전 몬테 데 고조(Monte do Gozo)를 거치게 된다. 발아래로 산티아고 시내가 한눈에 보인다. 순례자들로부터 '환희의 언덕'이라 불리는 곳으로 '순례자의 상' 앞에서 인증 사진도 날렸다.
산티아고 대성당 앞에 당도하니 그 넓은 광장에 많은 순례자가 운집해 있었다. 목적지에 도착한 기쁨에 눈물을 흘리기도 하고, 경건히 묵상하는 사람. 사진 촬영에 여념이 없는 사람, 부둥켜안고 축하 키스를 나누는 사람 등 광장을 메운 사람들의 얼굴엔 환희의 물결이 충만했다. 각자 나름의 뜻이 있어 순례길을 답사했을 터이고, 완주 결실을 이룬 기쁨이 스스로 가슴을 벅차게 하기 때문이리라. 저녁 미사에 참석했다. 내 사랑하는 모든 이에게 축복을 염원하며 경건히 기도하고 성당 지하에 있는 사도 야고보의 무덤 앞에서도 정중히 목례를 올렸다.
내 인생의 버킷리스트 한 곳을 답사한 기쁨과 감흥이 잔잔히 가슴에 차올랐다. 많은 순례자가 이 순례길을 그리워하며 다시 걷고 싶어 한다는, 이른바 까미노블루(Camino Blue)를 앓는다고 했다. 참으로 보람있고 정겨웠던 이 길에 나 역시 이 병을 앓게 되리라는 행복한 고민을 지닌 채 귀국길에 올랐다.

# 대서양 해변의 하루

대서양 해안을 마주하고 이국땅 바닷가에서 오후 한나절 바닷바람을 맞으며 보내고 있다.

산티아고에 이르는 순례길 걷기를 마치고 스페인의 서북쪽으로 90킬로 떨어진 땅끝마을인 작은 항구 '피스테라'로 왔다. 순례길 여행 출발 전에 처음으로 마주하게 될 대서양을 동경하며 전망 좋은 숙소를 예약하는 것으로도 마음이 설레던 해변이다.

구름조차 한 점 없는 청명한 맑은 날, 고운 모래사장을 지닌 반달 모양의 해변에 앉아 더없이 푸른 바다만 바라보고 있다. 시간마저 정지된 듯하다. 초록빛을 띤 바다는 아름답기가 다른 물빛을 지닌 바다와 비견할 바가 아니다. 잔잔히 밀려오는 파도가 햇빛 찬란한 모래사장에다 물결을 풀 때는 맑고도 투명한 초록빛 에메랄드색 광휘(光輝)가 빛난다. 이 빛은 보아온 어떤 해변의 물빛보다 아름답고 고아해서 말로서는 그 빛의 청아함을 표현할 수가 없다.

바다에 햇살이 쏟아져 내린다. 은빛 비단이 깔린 듯 바다는 윤슬로 찬란하게 빛나고 있다. 봄이 대서양 물결 위에서 출렁이다 에메랄드 물빛에 눈을 떴다. 해풍에 실려 온 봄 향기가 파도 위에서 나

부낀다. 눈을 뗄 수가 없어 바라만 보고 있다. 이런 풍광 앞에서는 모든 감각 마저 빛의 유혹에 한없이 빠져들어 황홀한 기운에 취하게 된다. 영혼마저 빛 속에 잠겨 빛의 군무에 동화되어 물 위에서 빛과 함께 노닐고 있다. 세상의 모든 근심과 피로와 외로움이 물결 위로 삭여져 내린다. 바다만 바라보고 있으면 그런 감정의 무늬들은 햇살과 바닷물이 창조한 윤슬의 향연으로 가뭇해지고 해체된다. 윤슬은 때때로 사람을 미혹되게 한다.

바다로의 여행은 온전히 나를 찾아 떠나는 일이다. 바닷가에 나서면 수평선과 바람과 파도 소리에 대한 설렘이 시나브로 체증되어 기쁨은 배가 된다. 처음 마주한 낯선 대서양 바다가 참 좋다. 에메랄드 물빛 빛나는 대서양 바닷가에서 자신을 온전히 새롭게 만나고 있다.

대서양 바다가 회상의 시간을 마련해 주어 기억의 실타래에 저장된 추억을 일깨운다.

바다는 생각을 낳는 산파다. 새롭게 만난 푸른 바다와 파란 하늘이 마음 깊숙이 잠겨 있던 생각들을 스멀스멀 솟아나게 한다. 넉넉하고 편안함을 안겨주는 바닷가에 앉으니, 마음이 여유로워져서 회상의 숲을 거닐게 된다. 청마의 '깃발'과 '바위'가 떠오르고 박인환의 '세월'도 불쑥 고개를 내민다. 알게 모르게 침전된 세월의 잔해들이 슬그머니 머리를 들고 일어나 가슴에서 일렁이는 파도가 되고 있다.

'내 죽으면 한 개 바위가 되리라./ 아예 애련(哀憐)에 물들지 않고/ 희로(喜怒)에 움직이지 않고/ 비와 바람에 깎이는 대로/

억년 비정(非情)의 함묵(緘默)에/ 안으로, 안으로만 채찍질하여/ ---/ 꿈꾸어도 노래하지 않고/ 두 쪽으로 깨뜨려져도/ 소리하지 않는 바위가 되리라.'

유치환의 〈바위〉다. 〈깃발〉과 함께 애송해 온 감동을 안기는 시(詩)편이다.

사람이 일생을 가다듬으며 지니는 삶의 가치는 어디를 지향해야 할까? 어떤 대상에 몰입한다면 거기에 자신의 생명마저 다할 수 있는, 감동과 기도를 겸비한 경건함을 갖추어야 한다. 안으로, 안으로만 채찍질하는 의지의 궐기, 순수한 정서와 사랑의 본성을 잃지 않는 모습으로 인생의 깊이를 다져야 하리라. 이런 자세로 살아간다면, 영원한 침묵으로 소리하지 않는 바위가 된다 해도 그 고고하고 영롱한 인생의 표상은 부족함이 없이 교교히 비칠 것이다.

되풀이되는 운명적 시련에 부딪힐지라도 끝내 저버릴 수 없는 생명의 깃발, 바위는 곧 의지의 표상이다. 안으로는 불타오르는 생명의 연소를 지니면서도 밖으로는 영원히 의젓하게 자연에 버티는 기개를 찬미하게 된다. 청마를 존경하고 그의 시를 사랑하는 이유다,

박인환의 시가 파도를 타고 물결 위에 출렁인다.

'그 눈동자 입술은 내 가슴에 있네/--- / 사랑은 가고 옛날은 남는 것'

그 유명한 〈세월이 가면〉이다. 그의 시 또한 좋아해서 읊고 되새기기도 하지만 이국땅 대서양 해안에 앉은 여행자의 가슴에 슬며시 스며 나오니 보헤미안 나그네의 심사가 허전할 수밖에 없다.

시(詩)를 다시 되뇌어 본다. '사랑은 가고 옛날은 남는다'란 구절에 고개를 젓는다. 옛날은 가도 사랑은 남는 것이 진실이 아닐까. 시간을 돌이킬 수는 없어도 사랑은 심장이 멎지 않는 한 영원히 가슴에 남아 있는 것이다. 누군가를 지우려 하는 것은 아픔이고 누군가를 그리워하는 것은 슬픔이다. 슬픔과 아픔을 가슴 깊이 묻고서 세월과 함께 흘려보내야 한다. 무심한 것 같이, 때론 매정한 것 같아도, 살아 있는 지금, 돌아보지 않고 앞을 향해 걸어가는 사람에게는 손을 흔들어야 한다. 시에 담겨있는 낭만과 열정을 통해서 세월을 초월하는 사랑의 체온을 느낄 수도 있지만 평생 다시 볼 수 없다 해도 그리워하는 것이 사랑임을 누가 부정하랴.

대서양 바닷가에 앉아 바다를 찬미하고 있다.
계절이 흐르는 시간, 찬란히 빛나는 햇빛이 대서양 해안을 낙원으로 빚어내며 맑고 밝은 세상을 연출해 내고 있다. 태어나고 성장하고 누리며 살아가는 생명, 그러나 언젠가는 다 놓고 떠나야 하는 세상의 모든 것, 그러기에 눈물겹게 대견한 것이 생(生)이다, 영혼의 불꽃은 꺼지지 않으며 아름다움을 지향하는 내 사랑의 힘은 생명을 이끄는 원천이다. 그리움은 곧 사랑이고 이브는 이상향으로 내 안에 살고 있다. 오늘 살아 있음이 영원한 것도 아니다. 이 대서양 바닷가로 시(詩)와 옛일들이 그리움의 파도 되어 밀려온다. 햇빛은 눈부시고 구름은 흘러가고 윤슬로 빛나는 영원한 모성의 바다에 잠겨 이국에서 하루를 보내고 있다.

# 이스탄불 여행기

튀르키예(터키)를 연상하면 먼저 떠오르는 것이 이스탄불과 오스만제국이다.

이스탄불은 유럽과 아시아 두 대륙에 걸쳐 있어 해가 아시아에서 뜨고 유럽으로 지는 세계 유일의 도시다. 이스탄불은 기원전 7세기에 등장하여 고대 로마, 비잔틴, 오스만이라 불리는 제국의 수도로 영화를 누렸으며 20세기 초부터 튀르키예공화국의 최대 도시로 성장해 왔다.

13세기 말 아나톨리아 반도에서 등장한 오스만제국(1299-1922)은 다민족 다종교 국가로서 아시아 아프리카 유럽의 3개 대륙에 걸친 광대한 대륙을 통치했다. 오스만제국은 20개 민족 6,000만 명의 인구를 거느렸다. 동서 무역로와 지중해를 장악하여 경제력은 말할 것도 없고 동서양 문물을 아우르면서 페르시아의 전통과 튀르크의 기질, 아라비아의 솜씨를 버무려 향기 짙은 거대한 이슬람의 문화를 발달시켰다. 17세기에 유럽이 닮그 싶어 한 나라가 오스만제국이었다. 튀르키예는 97%의 아시아 땅과 3%의 유럽 땅에 속해 있지만 유럽 국가로 분류된다.

이스탄불이란 도시와 오스만제국의 탄생은 이러하다. 오스만족은 본래 튀르크 종족의 하나로 아시아 중부지역을 떠돌던 유목민이었다. 칭기즈칸의 몽골 군대가 대륙을 휩쓸자 서쪽으로 밀려나서 비잔틴 제국의 국경 지역에 자리 잡고 있었다. 제국이 태동하던 시기의 아나톨리아 반도 일대는 군소국들이 분할하여 통치하고 있었으며 그 이전에는 로마의 지배를 받았고 이후 비잔틴 제국의 영향 아래에 있었다. 이때 오스만 사람들은 먹을거리나 물건을 교환하기 위해 이슬람 사람들과 만나면서 이슬람교를 믿기 시작했다. 14세기 말 그 일대를 지배하던 칭기즈칸의 손자가 세운 '일한국'이 약해지자 오스만족은 자신의 나라를 세우고자 노력하며 비잔틴 제국쪽으로 영토를 넓혀 나갔다. 오스만 튀르크가 대제국으로 발돋움하기 위해서 반드시 차지해야 할 곳이 비잔틴 제국의 수도 콘스탄티노폴이었다. 오스만 튀르크를 메흐메트 2세가 통치할 때 육지와 해상을 통한 과감한 공격으로 마침내 콘스탄티노폴 성을 점령하여 비잔틴 제국을 멸망시키고 크리스트교 세계의 천년 역사를 품은 이 도시 이름을 이스탄불로 바꾸었다.

여행자가 이스탄불 공항에 내린 후 시내로 접어들면 이스탄불과 아시아 땅 사이를 가르는 보스포루스 해협을 만나게 된다. 튀르키예는 위로는 흑해, 서쪽으로는 에게해, 남쪽으로는 지중해를 끼고 있다. 흑해와 에게해 사이에 위치한 튀르키예와 그리스 사이에 마르마라해가 있다. 내해(內海)에 위치한 이 나라들을 연결하며 선박

수송과 더불어 대형 크루즈 선까지 입항 가능한 곳이 보스포루스 해협이다. 바닷물은 동해의 맑은 물보다 더 맑아 보이는 옥빛이다.

보스포루스 해협을 운항하는 소형 유람선을 타면 항로 주변에 건설된 화려한 도시 건물들과 해협을 가로지르는 다리를 바라볼 수 있으며 주변의 '돌마바흐체' 궁전의 아름다운 외관 모습도 볼 수 있다. 해협 양변에 늘어선 큰 건물마다 붉은 바탕에 흰색의 초승달과 별이 그려져 있는 튀르키예 국기가 펄럭이고 있다. 국기 게양은 도시 건물에도 쉽게 볼 수 있고 주택의 벽면에도 국기가 그려진 모습이 보인다. 이 민족의 정서 속에 오래도록 간직해 온 번성했던 오스만제국의 성취에 대한 자부심의 발로가 아닐까라는 생각이 들었다.

이 도시에는 인류에 회자하는 성당과 궁전, 이슬람 사원이 있는데 세계적인 문화유산으로 칭송되고 있다. 이스탄불이 로마제국의 번성한 도시였을 때 지어진 대성당이 이스탄불의 상징인 '아야 소피아'다. 바티칸의 성베드로 성당이 지어지기 전까지 세계에서 가장 큰 성당이었다.

오스만제국이 콘스탄티노플을 점령하면서 성당은 이슬람 사원으로 바뀌었다. 이슬람 정복자들은 성당을 파괴하지 않고 내부의 기독교식 모자이크 장식은 코란의 문자로 덮어버렸고 성당 주위에 이슬람 사원의 상징인 뾰족한 첨탑(미나레트)을 세웠다. 오늘날엔 박물관으로 사용되고 있으며 비잔틴 건축을 대표하는 가장 아름다운 걸작으로 손꼽히고 있다.

오스만제국은 기독교 성당이던 '아야 소피아'를 이슬람 사원으로 개조하고도 여기에 만족하지 않고 바로 건너편에 아주 비슷하게 생긴 아름다운 사원 하나를 더 지었다. 그것이 1616년에 지어진 '블루 모스크'라는 별명을 가진 '술탄 아흐메드'다. 사원 안쪽을 2만 개의 푸른색과 녹색의 타일로 장식했기 때문에 해가 뜨는 아침이나 해 질 녘에는 반사된 타일 빛이 황홀한 파란빛을 만들어 내는 가장 아름다운 모스크로 알려져 있다. 이 이슬람 사원은 유일하게 6개의 첨탑이 세워져 있으며 첨탑의 개수가 사원의 레벨을 결정하는 요소라 했다.

궁전으로는 한때 세계 최강국이었던 오스만 튀르크 제국의 영광과 힘을 확인할 수 있는 경이로운 '톱카프' 궁전이 있는데 약 400년 동안 터키(튀르키예)의 정궁 역할을 해왔다. 궁전에 거주하는 인구가 한때는 5만 명이 넘었을 정도로 어마어마한 규모를 자랑하는 궁전이며 4개의 정원과 정원에 딸린 건물들로 구성되어 있다. 금남 구역인 하렘(Harem, 여자들만 있는 규방))이 있던 제2 정원에는 400여 개의 방이 있었는데 여성들과 황제, 환관들만 출입할 수 있었다. 제3 정원의 보물관은 궁전 관람의 백미다. 황제가 사용하던 갑옷과 화려한 무기, 보석 장신구 등이 전시되어 있는데 그 화려함과 정교한 예술적 가치로 미루어 그 당시 집권자의 권력과 사치는 상상을 초월하기에 충분했다.

오스만제국은 또 하나의 궁전 '돌마바흐체'를 건설했다.

이 궁전은 19세기 중반 처음에는 목조 건물로 지어졌으나 1814년 대화재로 소실되고 1856년 석조 건물로 재건되었는데 프랑스의 베르사유 궁전을 모델로 삼았다. 아름다운 정원과 호화로운 실내장식에다 실내외를 아우르는 화려하고 장중한 건축양식, 기둥 하나에도 스며들어 있는 예술적 조형미와 아름다움은 어떠한 찬사도 부족할 듯했다.

튀르키예의 역사가 그러하듯 여러 번의 권력 교체가 이루어지면서 동서양과 기독교, 이슬람의 유적들도 부침의 세월을 거쳤으나 잘 보존되어 있다. 동서양이 공존하는 문화의 설렘이 타국에서 온 관광객에게 깊은 감명을 느끼게 했다.

더하여 이스탄불을 생각하면 떠 오르는 것이 보스포루스 해협이다, 맑은 하늘에 태양은 빛났고 코발트블루인 물빛에 반짝이는 햇살, 연안에 펄럭이는 튀르키예의 깃발들이 한편의 영상이 되어 가슴에 남아 있다.

그런 아름다운 풍광을 품고 있는 해협을 순회하는 유람선에 승선한 여행자의 심사가 여심(旅心)에 잠겼다. 함께 자리한 사랑하는 이를 위해 '오 솔레 미오(O Sole Mio)' 노래 한 곡을 열창하면서 해협과 태양과 시원한 바람과 사랑을 찬미했다. 배에서 내린 후 궁전 입구에 세워진 시계탑 부근의 카페에 들러 에스프레소 커피 한 잔을 마시며 나누었던 시간은 사랑이 익어갔던 영원히 기억에 남을 보포루스 해협의 축복이었다.

# 러시아 바이칼 여행기

우리 민족의 뿌리가 한반도가 아니라 대륙을 지배했던 북방 민족에서 유입되었다는 사실을 접하면 북방에 관하여 관심을 기울이게 된다. 시베리아 서쪽 끝 알타이산맥으로부터 동쪽 끝 바이칼 호수에 이르는 광활한 지역이 고대 북유라시아인의 거주지였으며 우리 민족의 기원지로도 추정되고 있다.

북방 민족과 몽골 초원 지역의 민족들은 시대에 따라 유럽 쪽으로, 중국을 거쳐 만주와 남쪽 한반도로, 또 다른 일부는 베링해를 건너 미주 대륙으로 이동하여 전 세계에 흩어져 살게 되었으며 그중 만주와 한반도로 유입된 부족들이 한민족의 원류라고 일컬어진다.

한민족 원류를 탐색하는 생태학자들에 의하면 시베리아 지역인의 두뇌 부분 DNA가 한국, 일본인과 가장 유사하다는 연구 결과를 발표한 바 있다. 비단 그뿐만 아니라 암각화 등의 모습과 내용 등에서도 생활상의 유사성을 발견할 수 있고 풍속을 살펴보아도 서낭당 등 우리의 무속과 이 지역의 샤먼 풍속이 서로 닮은 점이 많다는 견해도 있다.

바이칼 지역이 한민족의 원류가 살았던 곳이라 방문해 보고 싶은 마음에 더하여 시베리아 남동부에 있는 세계에서 가장 오래되고 깊은 담수호로 약 2,500만 년 이상을 유지해 온 청정 호수의 비경에 대한 유혹은 여행 나서기를 주저하지 않게 했다.

풍요로운 호수라는 뜻을 지닌 바이칼에 가려면 시베리아 한복판에 자리한 북방 수림 타이가 숲속에 숨어 있는 요정 도시 '이르쿠츠크'로 가야 한다. 한러 수교 후 시베리아 오지인 이곳과 인천 공항 간에 직항 항공로가 열린 후 불과 서너 시간 남짓이면 닿을 수 있는 도시였지만 지금은 전쟁 중이라 러시아 공항 어디에도 서방 비행기는 착륙이 금지되어 있다.

여행길은 대한항공 편으로 몽골의 수도 울란바토르로 가서 그곳에서 출발하는 시베리아 횡단 열차를 이용해야 했다. 몽골 입국 다음 날 오후 3시 반 울란바토르 중앙역을 출발하는 열차는 23시간 이상을 달려 그다음 날 오후 3시경에야 러시아 이르쿠츠크에 도착한다.

열차는 8량이 연결되었고 한 차량에는 9개의 객실이 있으며 한 객실 안에는 2층 침대 2개가 놓여 있어 4인실이다. 침대 사이가 좁아 겨우 한 사람만이 드나들 수 있는 공간이라 여행용 짐 가방은 모두 침대 밑으로 밀어 넣어야 했다.

몽골을 출국하고 러시아에 입국하는 여정으로 출입국 절차는 모두 열차 내에서 이루어진다.

출국수속은 밤 10시경 몽골의 국경 가까운 '수헤바토르' 역에 도착 후 이루어졌다. 제출된 몽골 세관 신고서와 여권을 모두 거두어 간 후 1시간 정도 지난 뒤 출국 확인 도장이 찍힌 여권을 다시 돌려

받음으로써 큰 불편 없이 출국 신고를 마쳤다.

　러시아 입국수속은 밤 12시 15분경 국경도시 '나우쉬키'역에 도착하여 이루어졌는데 참으로 황당하고 낭패한 경험을 했다. 입출국 카드와 여권을 함께 주면 한 사람씩 앞에 세우고 여권 사진과의 일치 여부를 확인한 후 여권을 가지고 자리에서 나갔다. 20분 정도 후 검열관 2명이 와서 여행 가방 모두를 열게 하고 샅샅이 뒤지며 검색한다. (이때 어디서 배웠는지 '다 까'라는 말이 들렸다) 검정 상하복 차림의 한 사나이는 번뜩이는 눈빛으로 우리를 살폈는데 우리는 그를 KGB(러시아 비밀경찰) 요인이라 짐작했다. 다음으로 손전등과 사다리를 들고 온 검색원은 침대 밑과 침대 이부자리까지 뒤집으며 검색했다. 그 후 셰퍼드를 대동한 검색원이 방을 검색했는데 아마도 마약류 검색이 아닐까라고 추측했다. 객실 공간이 좁은지라 그들이 닥칠 때마다 우리는 좁은 열차 통로에 벌을 받고 서 있는 사람처럼 대기했다. 여행 동행인 중에는 휴대전화 검색도 당했다.

　사회주의 국가의 검색 방법인지? 전쟁 상태라 엄격한지 알 수가 없었다. 견디기 힘들고 불쾌하고 무례한 그들의 행동이 못마땅했지만, 타국에서 온 여행객 신분이라 어쩔 수 없이 1시간 반이 소요되는 입국 절차를 견뎌낸 후 여권을 돌려받고 열차가 다시 출발한 후에야 안도했다.

　칙칙했던 밤을 보내고 아침을 맞았다. 오후에야 도달할 귀착지 이르쿠츠크까지는 지루하긴 했지만, 차창 밖으로 보이는 지평선까지 펼쳐진 끝없는 초원과 숲과 바이칼 호수 곁을 돌아 나가는 차창에 보이는 호수 정경들은 시선을 빼앗기에 충분했다.

도착 다음 날 이르쿠츠크에서 1시간이 소요되는 바이칼 호수 주변 마을 '딸찌'로 갔다. 그곳에는 옛날 시베리아 지역의 목조건축 구조물과 원주민들의 주거 형태를 재현해 놓은 야외 박물관이 있었다. 원주민이 살던 집, 식량창고, 부엌 등이 있었고 숲길을 벗어나면 학교, 교회 등의 생활상도 볼 수 있었다. 박물관은 자작나무 산책로로 둘러싸여 있는데 나무 향이 신선해서 산책하기에도 좋았다. 이윽고 우리는 바이칼 호수의 물가로 내려가 손을 담갔다. 멀고 먼 시공을 거치고도 존재해 온 맑고 고운 청정 호수에 손을 담갔다는 사실로 가슴 벅찬 감회가 일 순 온몸을 전율케 했다.

바이칼은 약 2,500만 년 전에 형성된 세계에서 가장 오래되고 깊은 담수호다.

위치는 북서쪽의 러시아 이르쿠츠크주와 남동쪽의 부랴트 공화국 사이에 있다. 호수 길이는 626km, 폭은 20~80km이며 면적은 31,720km²로 남한의 1/3 크기다. 최대 수심은 1,652m이며 담수량 기준으로는 전 세계 민물의 20%를 수용하는 큰 호수로 북아메리카의 5대호를 합한 크기다. 1,550여 종의 동물이 서식하며 이 중 60% 이상이 고유종이다. 바이칼 물범, 오물(Omul)이란 생선 등 토착종이 풍부하며 주변에 곰과 사슴도 출현한다고 했다.

우리는 '딸찌'에서 30분 정도 이동하여 '리스트비얀카'로 갔다. 점심은 식당 '크레스토바아 빠지'를 이용했다. 이국적인 분위기에 바이칼이 내려다보이는 예쁜 식당이었다. 메뉴는 기본 샐러드에 물고기

오물과 감자가 들어간 탕, 그리고 어깬 감자와 생선구이였는데 생선 위에 토마토와 녹인 치즈를 가미한 구이로 흰 살 생선 맛이었다.

중식 후 방문한 바이칼 호수 박물관은 2,500만 년 이상을 유지해 온 호수의 비밀과 서식하는 동식물 등 호수에 관한 모든 역사와 자료, 표본이 비치되어 있었다.

바이칼 호수의 물은 오직 한 곳 안가라강(江)으로만 흘러 나가는데 최종엔 북극해로 흘러간다. 호수와 안가라강을 동시에 조망할 수 있는 '체르시키' 전망대까지는 리프트를 타고 올랐다가 내려오는 데는 숲길을 따라 한 시간 남짓 걸었다.

이후 우리는 러시아식 반야(사우나)를 체험했다. 호숫가에 커다란 범선이 정박해 있었고 배에 승선 후 배 안으로 들어가니 선박 내부에 사우나 시설이 갖춰져 있었다. 여행 피로를 달래고 한낮 더위로 흘린 땀을 씻고 나와 호숫가에 이는 시원한 바람을 맞으니 한결 상쾌해졌다.

이곳 반야 시설이 꽤 유명한 곳인지 시설을 관리하는 '아나스타샤' 식당 로비 벽에는 러시아의 실권자였던 옐친과 현재의 권력자 푸틴의 방문 사진도 붙어 있었다.

식당 통유리를 통해 보이는 바이칼 호수의 전망이 멋지고 아름다웠다. 샐러드, 생선과 감자퓌레 그리고 이 식당의 시그니쳐 디저트 아나스타샤도 훌륭했다. 이 지방에서는 오물이 단순한 물고기가 아니라 바이칼의 상징이었다. 지역 문화의 상징이고 생계를 책임지는 가장 큰 존재이며 지역 주민들은 이 물고기를 신성시했다. 오물의 몸통은 은빛이고 최대 60cm까지 자라고 무게는 2kg에 이르는 생선이다.

바이칼 호수 안에 있는 비경을 품은 핵심 여행지 알혼(Olkhon)섬으로 이동하는 날이다.

알혼섬은 바이칼 호수 안의 크고 작은 26개의 섬 중 가장 크고 유일하게 사람이 사는 섬이다.

이르쿠츠크 출발 후 알혼섬으로 들어가는 선착장까지는 버스 편으로 6시간이 소요된다. 알혼섬으로 가는 길은 시베리아에서는 보기 드물게 나무가 전혀 없는 평원이 이어진다. 그 평원에 풀이 나면 초원이 되고 꽃이 만발하면 화원이 되며 눈이 내리면 설원이 된다. 가는 길 따라 사방 천지가 들꽃이었다. 길가에 꽃이 핀 것이 아니라 꽃밭에 길이 난 것처럼 너무도 많은 들꽃이 피어나서 끝없는 들꽃 세상이었다. 가는 도중에 부랴트족 자치구에 있는 서낭당에 닿았다. 샤먼 기둥 세르게가 세워져 있고 붉은 계통의 천 조각들이 감겨 있어 우리네 옛 시골의 서낭당을 연상케 했다.

'샤후르따' 선착장에 도착하여 연락선으로 알혼섬에 입도한 후 사륜구동 지프를 타고 1시간가량의 비포장길을 달려 '후지로' 마을에 있는 통나무집 '바이칼 뷰' 호텔(?)에 여장을 풀었다.

알혼섬은 바이칼의 한가운데에 마치 바이칼을 축소한 것처럼 비스듬히 누워 있는 모습이다. 섬의 길이는 72km이고 폭은 15km이며 전체 면적은 730k㎡로 우리나라 거제도의 두 배쯤 되는 면적이다. 알혼이란 부랴트어(語)로 '햇볕이 잘 드는 땅'이란 뜻이며 일조량이 풍부하여 지구상에서 맑은 날이 많이 관측되는 지역 중의 한 곳이라 했다.

알혼은 부랴트 민족의 고향이며 주민 대부분은 '후지르' 마을에 집중하여 사는데 목축이나 어업이 주 생계 수단이지만 오늘날은 관광 수입이 훨씬 더 큰 비중을 차지하고 있다.

알혼섬 일주 투어 날이다. 섬 내 이동은 지프 차량으로 움직이는데 도로가 전부 비포장이라 먼지 풀풀 날고 구릉지도 많아 힘든 행로였다. 알려진 관광 장소를 차례로 방문했다.

'뉴르간스크'는 시원하게 펼쳐진 호수 위로 사자머리 형상의 사자섬과 물결에 따라 꼬리가 움직이는 듯한 악어 바위를 볼 수 있는 곳이다.

'하보이' 곶은 신들이 모여서 회합을 가졌다는 곳으로 알혼섬에서도 가장 기가 세다고 알려져 있다. 바이칼 호수의 웅장함을 감상하기에 최적의 지역으로 하늘에서 보면 하트 모양으로 되어 있어서 '사랑의 언덕'으로도 불린다.

'사간후순' 곶에는 알혼섬의 랜드마크인 삼형제 바위가 나란히 서 있는데 유독 붉은빛이 강하다. 아버지 명령을 어긴 독수리 삼 형제가 죗값을 치르느라 바위로 변했다는 전설이 있다.

알혼섬 북단은 절벽과 단애에 막혀서 더 이상 물에 접근이 어렵다. 절벽의 높이도 몇십에서 몇백 미터는 된다. '우주리만'은 바이칼에서 유일하게 잘 마모된 몽돌로 된 호반으로 강한 바람을 피할 수 있고 햇볕이 잘 드는 구릉지며 물이 깨끗하고 맑다. 기상관측소가 있다.

후지르 마을을 뒤로 하고 호수 쪽으로 툭 튀어나와 있는 이곳을

'부르한' 곳이라 부르고 그 끝에 있는 두 개의 바위섬을 샤먼 바위 또는 부르한 바위라 부른다. 쿠린 부랴트족의 탄생 설화가 서려 있는 성스러운 바위로서 한민족 시원지 중심에 해당하는 곳이다. 바이칼 일대에서 '부르한'은 신성한 장소를 가리키는 보통명사다. 가까이 다가가면 강렬한 기를 느낄 수 있으며 21세기인 요즘도 샤먼이 찾아와서 기를 받는 곳이라 했다. 샤먼 바위는 그 자체의 신비스러움이나 종교적 의미를 떠나서 경치가 일품이다. 일출과 일몰은 특히 아름답다. 바위를 바라볼 수 있는 언덕에는 13개의 세르게(샤먼 기둥)가 세워져 있고 기둥마다 가지각색의 천 조각과 띠들이 감겨 있어 우리네 시골 마을 옛 서낭당 모습을 연상하게 했다. 이런 모습이 섬 안 여러 곳에 보여서 알혼섬에 대한 친숙함을 배가시켰다.

저녁 식사 후 일과를 마친 우리는 숙소인 통나무집 마당에 모여 맥주를 마시며 하루의 일과를 다시 더듬어 보고 고국에 관한 이야기도 나누며 담소의 시간을 가졌다. 맑은 하늘엔 별들이 총총하고 소슬바람이 안겨주는 상쾌함에 더하여 팔순 노인장들의 해묵은 우정은 더욱 깊이 쌓여갔고 이국에서 보내는 즐겁고 행복한 밤이 모두에게 스며들고 있었다.

여행은 항상 일상에 대한 변화를 모색하게 하지만 그 목적에 따라 여행 성격 또한 다른 형태를 추구하게 된다. 이번 여행은 한민족 시원지의 중심을 헤아려 보고 싶은 소박한 뜻을 지닌 채 여행에 나섰다. 바이칼 일대를 둘러보면서 헤아릴 수 없는 그 옛날을 생각으로만 거슬러 보았다. 옛 조상에 대한 흔적은 보이지 않았으나 하늘과 푸른 초원과 호수와 알혼섬에 우리 조상의 얼과 숨결이 스며들어 있으리라는 생각에 손을 모아 기도하는 마음으로 일체감을 느끼려 했다.

 인류 역사는 흐름이며 끝없이 변화한다. 이 세상 어떤 개체도 고정된 것은 없다. 풀 한 포기. 흙 한 줌, 한 방울의 호숫물도 변화를 멈추지 않는다. 먼 시공을 거쳐와 태어난 작은 미물 하나, 그 시원(始原)이 그리워 이곳에 와서 발자국 하나 남기고 떠난다.

## 바래길을 걸으며

남해 섬엔 바래길이라 불리는 둘레길이 있다.

'바래'는 남해의 토속어로 옛적에 남해의 어머니들이 생계를 위해 바다가 열리는 물때에 맞추어 갯벌에 나가 미역이나 파래, 조개, 고둥 등의 해산물을 손수 채취하는 작업을 일컫는다. 그때 다니던 길이 바래길이다. 이 둘레길은 사람들이 두 발로 걸으며 남해에 있는 천혜의 자연환경을 만날 수 있는 걷기 여행길인데 길이가 251km이며 2010년에 첫 길을 열었다.

섬 전체를 연결하는 순환형 11개 코스는 남해안 종주 길로 이름 붙여진 남파랑 코스와 노선이 일치한다.

햇살 좋은 초가을 날 아름다운 풍광이 어우러진 바래길을 걸을 때는 푸른 바다 곁을 따라 파도 소리에 잠기며 한려해상공원을 이루는 작은 섬들에도 눈길을 주게 된다. 굴곡진 해안에 숨은 듯 안겨있는 자그마한 예쁜 선착장도 스친다. 순박하고 다정한 섬사람들과 눈인사를 나누며 걷는 바래길은 사람 냄새를 느끼며 걷는 길이라 더없이 따뜻하고 정겹다.

맑고 푸른 하늘 아래 옥색 바다에는 윤슬이 찬란하다. 들판엔 벼가 익어가고 고추잠자리 떼들이 수확을 예비한 논 위를 축하 비행하고 있다. 봄철 해안에는 해당화가 반갑고 가을철엔 해국(海菊)이 정겹다. 구월 끝 무렵, 남해안 바래길 곳곳에서 잘 가꾸어진 칸나 꽃밭을 만난다. 커다란 초록 잎 사이로 솟아난 꽃대 끝에 빨간색 꽃들이 탐스레 피어나서 푸른 하늘과 바다를 배경으로 정열을 불태우는 모습은 바래길을 더욱 아름답고 찬란하게 느끼게 한다.

봄철에 피맺힌 듯 붉게 꽃피우던 동백나무엔 짙푸른 초록 잎이 햇빛에 빛나고 밤톨 크기의 동백 열매들이 사과 빛으로 익어가고 있다.

바래길에서 만난 사람들 이야기가 훈훈하게 가슴에 남아 있다.

남해 마을 어귀에는 으레 느티나무가 수호신처럼 마을을 지키고 있다. 젊은 듯 늙은 트레커가 하루 일정 소화에 지칠 무렵 품새 좋은 백년 느티나무 그늘로 들어섰다. 등 굽고 머리 하얀 할머니 세 분이 앉아 계셨다.

갑: "아이고! 이 더분 땡볕에 머 할라꼬 혼자 이리 댕깁니꺼?"
을: "이 양반 틀림없이 무슨 사연이 있는 기라."
병: "와! 자식이 앞선 나, 아이몬 마누라가 내 빼뿐나?"
　　"안 그라몬 멀건 양반이 더분데 혼자 이리 댕길 리가 있나?"
트레커: "아이고 할매들이 점쟁이네, 딱 맞추네요." 맞장구를 쳐 주었다.
병: "바라 내 안 그라더나, 사연이 있는 거라!"

갑: "어허 이! 시끄럽다, 고만해ㄹ 마, 벨소리를 다 하고 있네!"
"아재씨! 땀이나 닦으소, 그라고 내 따라 잠깐 오이소,
물이나 한잔 잡사써 보내야겠네."

할머니들에겐 자식을 앞세우는 일과 배필과의 이별이 일생에 있어 가장 큰 고통이 따르는 일로 가슴에 박혀 있어 보였다. 할머니 댁은 정자나무에서 두 집 건너에 있었다. 국그릇 사발에다 찬물에 미숫가루를 타고 얼음까지 동동 띄워서 마시게 했다.
"이거 잡숫소, 더위 묵을라."
시골 인심에 돌아가신 어머님 생각이 났다. 지전 한 장을 접어서 할머니 손에 쥐어 드렸다.
"아이고, 이라몬 안 됩니더. 이거 받을라꼬 한 게 아이라카이."
"할머니 고마바서 드립니더, 이거 까자 사 자시이소."
만류하는 할머니를 다독이며 다시 정자나무 쪽으로 가서 인사를 하고 떠났다.

바래길을 걷는 오후 한나절 산비탈 밭길 옆을 걷고 있었다. 나무 그늘에서 땀을 말리는 농부 한 분의 곁을 스치게 되었다.
"농사일이 힘드시죠? 아저씨는 농사일로 힘드신데 저는 노느라 힘드네요."
"쉬엄쉬엄 걸으시오. 오늘 다 못 걸으면 내일 걸으면 되지 않소? 우리 농사일도 그런 마음으로 하고 있습니다. 이 마을에서 대학이

라고는 내 혼자 갔습니더, 부모 잘 만난 덕이지요."

10여 년 전에 부모님이 연로하셔서 가족은 부산에 두고 혼자 고향으로 왔으며 부모님들은 구순을 넘기고 두 분 다 돌아가셨다고 했다. 그래도 고향을 못 떠나는 것은 부모님 혼백이 고향집에, 농사짓던 들판에 머무는 듯해서 고향을 떠날 수 없다 했다.

"어른들 혼백이 머물고 있는데 어찌 떠날 수 있겠소? 그건 불효지요! 내 대까지는 이곳에 머물자 하고 지냅니다. 그래야 최소한의 자식 도리라도 하는 것이라 여깁니다."

가슴이 먹먹해졌다. 우리는 몇 마디 이야기를 더 나눈 후 헤어졌다.

아침나절 밭으로 향하는 노부부의 구부정한 허리와 터덕거리는 발걸음 소리가 애처롭다.

영감님은 밭이랑을 고르고 마님은 마늘 종자를 심었다.

"할머니 밭이 넓은데 언제 다 심을라요?"

"하다 보믄 다 해집니더, 오늘 다 못하몬 내일 하몬 되지요. 뭐."

할머니가 입고 있는 고쟁이에 황토물이 들어 누렇게 변해 있었다.

"할머니! 밑에 머시라도 깔고 앉아야지, 맨땅에 그래 앉아서 하면 우짜지요?"

"괜찮심더. 내 궁디로 흙을 눌러 주어야 마늘이 잘 컨다카이."

"아이고 할매, 많이 눌러 주이소. 마늘 잘 커구로!"

명랑 방창한 하늘, 우리는 서로를 쳐다보며 박장대소했다. 항상 무쇠 팔다리로 사는 게 아닐 텐데 일생을 하루같이 일만 하면서 평생을 살아온 노부부가 이날도 들판에서 하루를 삭이고 있었다.

  바래길을 걸으며 많이도 느끼고 배우고 감동하며 걸었다. 시골 인정에 울컥하고, 효심에 감동하고, 농작물은 사람 발걸음 소리 듣고 자란다는데 마늘밭 할머니 궁둥이 누름 농법은 소박한 해학이 깃든 지혜임에 절로 머리가 숙어졌다.
  '두 발로 걸어 다닐 수 있을 때까지가 인생'이라 하지 않았던가. 길 따라 지천으로 자라며 쉬엄쉬엄 오르는 넝쿨손은 서두르지 말고 우쭐대지 말라는 느린 삶의 음계를 보여주었다.
  바래길, 어머니들이 걸으시던 그 예던길을 걷는 자체가 곧 마음 수양이고 지혜를 얻는 길이었다. 감사와 겸손을 가슴에 지니게 한 행복했던 걷기 여행길이었다.

- 선수필문학회 동인지 제10집 『동그라미의 말』(2024.)

## 지심도 바다 여행

치열한 삶의 현장에서 빗겨 서게 된 나이가 되니 산과 바다를 자주 찾게 된다.

주말마다 산을 찾는 일은 일상이 되었고 바다를 찾는 기회도 잦아졌다. 쪽빛 바다 멀리 펼쳐진 수평선을 바라보며 해조음 실려 오는 바닷바람을 맞고 싶고, 파도 밀려오는 해안을 거니는 생각만으로도 가슴이 설레어 길을 나선다. 바다는 점점이 잠겨 있는 섬 모습들을 떠오르게 하고 추억 속에 잠긴 사연들을 파도처럼 밀려들게 한다. 봄은 남녘에서 온다지만 화창한 계절을 기다리기보다 맞으러 봄나들이에 나섰다. 봄빛 섬들이 지닌 아름다움과 추억이 섬 여행을 재촉하였다.

아름다운 섬들이 바다에 잠겨 있다.

섬으로의 여행은 바다가 먼저 가슴에 와닿는다. 섬 여행은 바다 여행과 다름없다. 섬으로 가는 길은 바닷길을 따라가는 것이다. 푸른 물결과 수평선을 떠올리고 여객선 뱃고동 소리를 기억하면 출발 전부터 여행자의 마음은 들뜨게 된다. 배 뒷전으로 남겨지는 하얀 물거품의 소용돌이와 갈매기의 비상이 눈에 선하게 떠오르면 바다는 생각만으로도 가슴을 뛰게 한다.

옥빛 물빛 고운 남해의 바닷길이 삼면 바닷길 가운데서도 가장 아름답게 느껴진다.

한려수도에 자리한 수많은 섬은 바다를 더욱 아름답게 하는 경관들이다. 이제는 많은 섬이 교량으로 서로 연결되었고 육지와도 이어져 있어서 내륙과의 교류와 소통도 원활하다.

바다는 모든 것을 받아들여 품으며 포용한다. 바다는 자원의 보고이며 자원은 바다가 인류에게 베풀어 주는 축복의 선물이다.

올해 처음으로 나들이 하는 섬은 지심도다. 거제도 장승포항에서 배편으로 40여 분이면 닿을 수 있는 즈그마한 섬이다. 동백꽃 계절이면 이 섬을 다녀오곤 하던 사람의 기억이 충동이 되기도 했지만, 지금은 멀리 떠나 사는 그에 대한 그리움도, 이 섬을 찾는 계기가 되었다.

지심도는 섬 전체가 동백나무 군락지다. 바다에서 피어난 듯한 섬은 그 크기와 모양만으로도 아름답기가 빼어나지만 배가 섬 가까이 다가가면 초록 동백 숲으로 뒤덮인 섬의 자태에 더욱 환호하게 된다. 해풍을 이겨내며 자라는 동백나무 잎은 진한 초록에 두툼하며 튼실한데 햇빛을 받아 반짝이고 있다. 푸른 바다와 초록빛 숲을 배경으로 철 맞아 핀 붉은 동백꽃이 섬 전체에 무리 지어 피어 있어 한 폭의 그림 같은 섬 모습에 매료되기 마련이다.

배에서 내려 약간의 오르막을 오르면 섬을 에두르는 좁고 오밀조밀한 둘레 길에 들어서게 된다. 길 따라 아름드리 동백나무들이 무성한데 나무마다 붉은 꽃이 지천으로 피어 있다.

　붉은 동백 꽃잎들이 길 위에 떨어져 꽃길을 만들었다. 초록 숲과 숲속에 핀 붉은 꽃, 길을 덮고 있는 동백 낙화에 환호하게 된다.

　바다를 가까이하면서 동백꽃을 더욱 좋아하게 되었다.

　꽃이야 어느 꽃인들 아름답지 않은 꽃이 있겠냐만 동백꽃이 마음을 사로잡는 까닭은 꽃이 떨어지는 시기와 떨어진 꽃잎의 붉은빛 정열에 가슴마저 전율하기 때문이다. 동백꽃은 꽃모습 그대로의 자태를 잃지 않고 절정에서 생을 마감하기에 기다림, 애타는 사랑, 절개와 지조(志操)의 꽃이라 일컬어진다. 동백 숲에서 목이 부러진 듯 봉오리 채 나무 아래로 툭툭 떨어진 동백 꽃잎을 보는 것은 무상함도 처연함도 함께 안겨서 몸마저 떨게 한다.

　견디기 어려운 기억의 무게를 지닌 채 떨어져 내린 동백꽃을 보는 일이란 곤두박질한 주검의 속살을 기웃거리는 일 같아서 동백 숲 넘어 푸른 바다로 눈을 돌려야 했다.

　이 섬은 동백꽃으로 이름을 내었고 그래서 철 따라 동백꽃을 찾는 사람들의 발걸음이 줄을 잇고 있다. 지심도 둘레 길 따라 드문드문 여남은 집의 주민이 터전을 잡아 살고 있다. 눈매 곱고 발이 쪼그마해서 더 이쁜 이랑 소꿉 살림 차려서 한 생을 동백 숲에서 살고 있지 싶다.

　둘레길 서쪽 편에는 왕대나무밭이 있다. 육지 대나무에 비해 굵고 키가 더 큰 대나무들이 숲을 이루고 있어 한층 더 아름다운 섬이 되게 했다.

바다로 나가면 해풍에, 밀려오는 파도 소리에 그리운 이의 언어가 실려 있다. 기억에 잠긴 사연을 꺼내기도 전에 먼저 이야기를 풀어내는 그런 바다, 동심의 바다를 건너 그리운 이의 바다로 나아가면 밀려오는 수많은 기억에 눈을 감는다. 그리움은 추억의 물결에 출렁이고 한세상 살며 겪은 가슴앓이 명암들도 파도를 탄다. 이루지 못한 꿈과 신산했던 삶의 안타까움이 고개를 들기도 하지만 바다는 풀어 헤쳐진 마음들을 다독여 품속에 잠기게 한다.

찬란한 아침 해가 떠오르는 수평선을 마주하는 일은 바다 여행의 백미다. 떠오르는 붉은 해와 수평선이 펼쳐진 바다 앞에 서서 가슴을 열면 살아 숨 쉬는 심장의 소리가 들리고 슬픔은 사라지고 잔잔한 긍정이 물살 짓는다. 바다로 달려와 안길 때는 반갑게 다가오는 파도 앞에 하나의 작은 포말이 되어도 좋고 파도가 이루는 물결 따라 바다로 밀려나도 좋다.

바다 앞에 서서 작은 물빛 한 줄기, 바다를 물들인 푸르른 그 빛을 가슴에 담는다. 청명한 하늘 아래 푸른 바다를 향해 그리움도 사랑도 풀어내고 후련해진 가슴에다 생에 대한 찬미를 담는다. 바다는 삶을 반추하며 풀어낸 우수와 위로가 잠기는 해원의 품이며 새로운 푸른 열망을 추슬러 물빛처럼 반짝이게 하는 영원한 모성의 가슴이다.

# 홍도

목포에서 서남쪽으로 115km 떨어진 작은 섬이다. 기암괴석과 비경을 자랑하는 신안군 흑산면 홍도는 목포항에서 남해고속 쾌속선인 뉴 엔젤호에 오르면 2시간 반 만에 닿을 수 있는 거리에 있다. 출항한 선박은 1시간 만에 비금(도초)항에 닿고 다시 1시간 지나서 흑산 항에 기항한다. 정약전의 유배지였던 흑산도에서 30여 분 더 가면 범상치 않은 바위섬이 나타나는데 홍도다.

홍도가 속한 신안군은 1,004개의 섬으로 이루어져 있다.

신안군은 날개 달린 천사 조각상 1,004개를 세우고 있는데 섬 하나에 천사 1개씩이다. 섬들에 가면 생명이 꿈틀대고 역사가 흐르며 자연이 숨 쉬고 낭만이 넘실댄다. 미래의 역사, 문화, 환경자원으로 주목받는 신안 천사섬을 가리켜 누군가는 '신이 빚은 최고의 명작'이라 하고 누군가는 '바위와 바람과 파도가 빚어낸 절경'이라 일컫는다.

그 천사의 섬들 가운데 가장 이름이 알려진 홍도는 면적으로 196만 평에 해안선 길이 20.8km의 섬으로 270여 종의 식물이 자란다. 붉은색을 띠는 바위가 많아서 해 질 무렵 섬의 절벽이 붉게 물든다고 해서 홍도란 이름을 얻었다. 1965년에 천연기념물(홍도 천연보호구역), 1981년에 다도해 해상국립공원, 2009년에 유네스코 생물

권 보호지역으로 지정되었다.

　홍도는 3가지의 자랑거리를 내세우는데 33경을 자랑하는 기암괴석, 정원수와 분재 스타일의 나무, 맑은 물을 일컫는다. 바닷물은 봄부터 맑아지기 시작해서 여름엔 수심 10m까지 육안으로 볼 수 있다고 한다. 홍도의 지질은 사암(砂岩)과 규암(硅岩)의 퇴적층으로 되어 있다. 특히 수직절리(垂直節理)에 의한 퇴적층이어서 해안 바위는 수직과 수평으로 그 층들이 즐비한데 그래서 기묘하고도 멋진 풍경을 연출한다. 특히 규암층 지질은 광물 성분의 특성상 붉은색을 띠는 경우가 많아 이 섬의 이름을 홍도가 되게 했다.

　홍도 여행의 즐거움은 섬 둘레를 도는 유람선을 타고 홍도 비경을 바다에서 감상하는 것이다. 홍도 10경을 중심으로 여러 바위로 이루어진 멋진 자연 풍경을 관람하는 이 프로그램을 국내 유람선 관광의 으뜸이라고 자랑한다.

　유람선은 먼저 도승 바위를 지난다. 앞에서 보면 수도승 같다가 옆에서 보면 관음보살 같기도 하고 뒤에서 보면 성모마리아 같다. 유람선 선장의 구수한 해설에 따라 바위들의 이미지가 형상화된다. 기묘하게 형성되고 침식된 바위들의 모습이 절경을 이루어 비경 감상은 시작부터 눈 호강이다. 도승 바위를 지나면 제1경인 남문바위다. 홍도의 남쪽에 있어 남문바위라 칭하는데 바위 사이로 동굴이 나 있다. 홍도 해안엔 파도나 조류 또는 연안에 흐르는 물의 작용을 받아 생긴 해식 동굴이 120여 개나 있다고 했다. 홍도 등대 앞을 지나면 제3경인 석화 굴이 보인다. 해식 동굴인 이곳은 해 질 무렵 풍경이 압권이라 했다. 석양에 비친 동굴은 오색 꽃이 핀 듯하여 꽃 동굴이라고도 불린다. 영화 촬영지로도 알려져 있다. (영화 '석화촌' 1972년. 정진우 감독, 원작 이청준. 주연 윤정희. 김희라 윤일봉)

이즈음에 작은 배 한 척이 다가온다. 작은 배의 선상에서 회를 쳐 주는 선상 횟집이다. 당일 잡은 생선으로 즉석에서 회를 떠 준다는데 흥미로운 유람상품이며 낭만적 추억을 안겨주리라는 선전과 권유 탓인지 소주병과 함께 회 접시가 유람 선상으로 옮겨진다. 이 광경을 바라보며 느끼는 생각들은 여행객마다 다를 수 있겠지만 유람선의 갑판에서 술판이 벌어지는 것이고 날 것 생산을 다루는 데 따른 위생이며 술병과 회 접시가 옮겨지는 과정에서 관광객의 안전 문제도 우려되는 모습이었다.

여기저기 해안 풍경을 바라본 경험이 있지만, 홍도의 기암괴석은 단연 압권이었다. 바위들은 대부분 우람차고 장중하며 하늘로 치솟았는데 표면에 수직으로 생겨난 바위틈 사이로 꼿꼿하게 자라고 있는 노송들은 의젓하고 늠름해 보였다. 홍도에는 사철나무, 너도밤나무, 동백이 주종이다. 그래서 홍도의 나무들은 늘 푸르다. 눈이 거의 오지 않으며 와도 곧 녹는단다. 그러기에 홍도의 나무들은 더 푸르다고 했다.

홍도에서 느낀 한 가지 아쉬움이 있다. 관광지로서 알려진 지도 오래되었지만, 숙박시설은 낙후된 상태다. 바다를 좋아하여 동해의 해파랑길을 완주했고 한려수도 남해는 수시로 여행하며 남해섬에서 한 달 살기도 즐겼다. 서해안 바다는 학창 시절부터 여러 해수욕장이나 포구에 남겨두고 이어온 추억의 발자취가 아롱거린다. 근래에는 삼면이 바다로 둘러싸인 반도의 어느 곳을 가더라도 어촌이든 관광지든 숙박시설은 면모가 새로워졌다. 반도에서 멀리 떨어진 섬의 숙박시설이라 해도 오늘날 기대되는 수준의 시설이나 위생 등에 미치지 못한다면 아마도 젊은 세대들에겐 홍도가 안겨 준 아름다운 자연경관의 추억을 반감시킬 것이다.

삶이란 본디 원근이 없는 풍경 속으로 함께 떠나는 여행이라 했다. 가끔은 서로의 외로운 등을 기대며 지는 낙조를 함께 바라보는 일이라는데 홍도에서 바라본 낙조는 또 다른 의미를 가슴에 남기게 될 것이다.

홍도의 선착장이 있는 남쪽에서 나지막한 언덕을 넘으면 북쪽에 몽돌 해변이 있다. 아침 일찍 이 해안에 다가가면 몽돌에 부딪히는 파도 소리가 속삭이듯 싸르륵댄다. 장 꼭도의 시 '내 귀는 소라껍질 파도 소리를 그리워하나니'가 떠오른다. 언덕을 넘어 해안에 닿는 길은 생명의 길이라 했다. 이 살아 있는 길을 따라 한 발 두 발 걸으면서 마음이 편안해졌다. 자연을 통해 생의 기운을 얻으며 안정감을 느끼며 생의 의미를 배운다. 홍도에서의 이 아침, 아름다운 자연이 새로운 하루를 맞이하는 모습에 잠겨 있다.

홍도와 서남해의 바다에 잠겼던 추억을 안은 채 다시금 남은 내 인생의 여로에 담아낼 시작의 발자국을 여미어 보는 것이다.

# 백령도 여행

백령도는 서해 5도 섬 중의 하나이다.

대한민국의 실효 지배 기준으로 최서단이며 최북단에 있다. 서해 5도는 백령도, 대청도, 소청도, 연평도, 우도를 포함하는 5개의 섬을 일컫는데 이 중 백령도가 가장 큰 섬이다. 서해 5도는 6.25 전쟁 정전협정 당시 유엔군은 점유했던 북한의 도서 지역 중 상당수의 섬에서 철수했지만 북방한계선(NLL)을 설정하면서도 이 섬들은 포기하지 않았다. 이 섬들은 서해안의 최전방이자 군사적 요충지로써 지정학으로나 전략 면에서도 가치가 인정되었기 때문이다.

섬 위치의 중요성으로 백령도에는 해병대 1개 여단이 주둔하고 있으며 해군이 조기경보전대를 운영하고 공군 또한 레이다 부대와 방공포 부대를 주둔시키고 있다.

다섯 개의 섬 중 원래부터 강화군 소속이었던 우도를 제외하고 백령도를 포함한 나머지 4개의 섬은 남북 분단 이전에는 황해도 관할이었다가 분단 후에는 경기도 소속을 거쳐 행정 개편으로 지금은 인천광역시 옹진군에 속해 있다.

백령도는 서울을 기점으로 210km 떨어져 있다.

인천 연안부두에서 고속 페리호를 승선하면 뱃길로 소청도, 대청도를 거쳐 백령도까지는 4시간이 걸린다. 서해 5도는 북한의 침범에 의한 여러 번의 해전과 포격전이 있었다. 천안함 피격 사건이 발생했던 현장이며 1953년 휴전 이후 북방한계선 문제로 북한과 간헐적인 충돌이 있었던 지역이다. 또한 짙은 안무와 풍랑 등 일기 상황에 따라 때때로 선박 운항이 통제된다는 사실이 발걸음을 머뭇거리게 했다. 그러나 분단의 비극이 발생했던 현장을 직접 방문해 보자는 의지에다 남한 땅 가장 서쪽, 또한 가장 북쪽에 있는 우리 땅을 밟아보자는 의욕이 방문을 실행하게 했다.

백령도는 백령대청국가지질공원으로 등록되어 있으며 독특한 자연환경을 자랑한다. 또한 개발이 거의 되지 않아 본래대로의 자연환경이 보존, 유지되고 있다. 한국 대부분의 섬이 화강암으로 이루어져 있지만, 백령도는 풍화와 침식이 쉽게 이루어지는 사암으로 이루어져 있어 해안가엔 깎인 해상 바위들을 쉽게 볼 수 있다.

섬인데도 불구하고 5천 명가량의 주민은 80%가 농업에 종사한다. 농지가 비옥해서 매년 3년 정도의 식량은 자급자족할 만큼 생산되고 있다. 해풍이 심하고 중국 쪽에서 황사가 불어오면 섬을 덮는 만큼 큰 피해를 보기도 한다.

백령도 용기포항에서 하선하여 용기원산에 자리한 국토 끝 섬 전망대에 올랐다. 이곳에서 망원경을 이용해 북한 땅을 관찰할 수 있다. 내 나라 땅을 지척에 두고 눈에 보이지도 않는 북방한계선(NLL)

이 섬과 북한 땅 사이를 갈라놓고 있다는 사실이 비감하다.

북방한계선 북쪽 서해와 백령도 북쪽에서 연평도에 이르는 바다에서 중국 선박들이 고기를 남획하며 NLL을 침범하기도 한다고 했다. 나포를 위해 우리 해경이 접근을 시도하면 NLL을 넘어 도주해 버린단다. 북한 측 연안 어장을 북쪽이 중국에 팔아버렸다는 사실은 비애를 느끼게 하는 슬픈 사실이다.

백령도에는 심청각이 있으며 이 앞 바다에 심청이가 빠졌다는 인당수가 있다. 인당수 부근에 솟아 있는 바위에는 천연기념물인 점박이물범이 서식하고 있으며 바위 위로 나와 햇볕바라기를 한다는데 직접 보기가 쉽지 않았다.

백령도 제일의 절경은 명승지로 이름난 두무진(頭武鎭)이다. 두무진은 북서쪽에 있으며 오랜 세월 동안 북서 계절풍의 영향을 직접 받아 왔다. 극렬한 해식작용과 파도에 의한 침식으로 높이 50미터에 이르는 수직 절벽이 해안선을 따라 4km에 달하는 기암절벽을 이루고 있다. 석양에 배를 타고 나가 본 두무진은 아름다운 자연의 조화와 조물주의 솜씨에 찬사를 쏟아내기에 충분했다.

백령도에는 천연 비행장이 있다. 규조토 해변으로 유사시 비행기의 이착륙이 가능한 군사용 비상 비행장이다. 세계에서 단 2곳밖에 없다는데 현재는 강도가 약해져서 헬기의 이착륙은 가능하나 동체에 날개가 달린 비행기의 이착륙은 어려운데 2027년까지 백령비행장 건설이 계획되어 있다 했다.

또 한 곳, 아름다운 콩돌 해안이 있다. 콩만 한 크기의 작은 돌멩이가 2km가량 뒤덮인 해변은 마치 콩을 뿌려 놓은 듯한데 작은 콩돌들이 파도에 실려 다니며 내는 소리가 청량감을 주는 특별한 해변이다.

우리는 백령도 마지막 방문지로 천안함 46용사 위령탑을 찾았다. 북한에 의한 천안함 피격 때에 수장된 772함 46용사를 위한 위령탑이다. 탑 앞에 비석이 마련되어 있다

'772함 수병은 귀환하라!/ 온 국민이 기다린다./ 칠흑의 어두움도 서해의 그 어떤 급류도 당신들의 귀환을 막을 수 없다…/ 거친 물살 헤치고 바다 위로 부상하라…/ 오로지 살아서 귀환하라./ 이것이 그대들에게 대한민국이 부여한 마지막 명령이다…/ 하나님이시여…. 대한의 아들들을 차가운 해저에 두지 마시고 국민이 기다리는 따뜻한 집으로 생환시켜 주소서!

이 위령탑 앞에 서서 눈물 흘리지 않을 사람 누가 있으랴. 이 젊은이들을 저 차가운 바닷속에 잠들게 했다니 분노하지 않을 국민 누가 있으랴. 수병은 물속에 잠겨 있다 해도 젊은 병사여! 그대들은 국민 모두의 가슴속에 귀환하여 영원히 살아 있을 것이다. 우리는 국화꽃을 헌화하고 엄숙히 예를 표했다.

오늘날 국제 정세와 우크라이나 전쟁이 시사하는 바가 크다. 우크라이나 침략 전 러시아는 오랫동안 친러시아 세력 늘리기와 내부 갈등을 조장해 왔다. 나라가 친러, 친서방파로 두 동강 나고 그 나라 대통령마저 러시아로 망명했다. 러시아는 기회를 놓치지 않고 접경지인 전략요충지 '크림반도'를 강제 병합했다. 미국과 EU 등 국제사회 다수가 규탄 성명을 내고 경제 제재를 가했다. 그러나 외교

펀치로는 크림반도를 되찾을 수 없었다. 그 후 8년이 흐르고 미 중이 다투는 틈을 타 우크라이나 본토를 덮쳤다. 미국이 우크라이나를 열심히 돕고 있지만 판다(중국)와 불곰(러시아)이라는 커다란 두 마리 곰을 동시에 상대하는 데 버거워하고 있다.

 한반도에서 크림반도 같은 곳이 백령도라고 군사전문가들은 입을 모은다. 백령도는 북쪽으로 깊숙이 치우쳐 있으며 거리도 황해도 장산곶까지 13.5km밖에 되지 않는다. 북한에는 치워버리고 싶은 눈엣가시일 것이다. 서울을 향해 전술핵 미사일을 장전해 놓고 겁박하며 백령도를 강제 점령하려고 시도할 가능성은 없을까? 우리 모두 현실을 제대로 인식하고 안보상황에 대해서는 현명한 판단을 취해야 할 것이다. 국토는 제 나라 백성이 자기 땅을 지키겠다는 굳건한 결의를 지닐 때 지켜지는 것이다. 되돌아오는 여행길에도 무거운 마음을 쉽게 내릴 수 없었다.

## 작품 해설

## 서정적 회고와 철학적 사유의 융합

– 서양호 두 번째 수필집
『노을에 비치는 회상의 물결』

최원현
한국수필창작문예원장
사)한국수필가협회 명예이사장
사)한국문인협회 부이사장 역임

# 서정적 회고와 철학적 사유의 융합
- 서양호 두 번째 수필집 『노을에 비치는 회상의 물결』 -

## 1. 들어가며

최원현

서양호 수필가가 팔순에 이르며 2021년『해 뜨면 낮, 달 뜨면 밤』에 이은 두 번째 수필집『노을에 비치는 회상의 물결』을 상재 한다.

서양호 수필가는 2018년 계간『選수필』신인상으로 등단한 수필가로 1946년 부산에서 태어나 부산고등학교를 거쳐 1969년 연세대학교를 졸업하고 1971년 ROTC 출신으로 육군 장교로 복무했으며 전역한 후 1971년부터 22년간을 LG그룹에서 근무했다. 1997년 연세대학교 경영대학원을 졸업했으며 1993년부터 2000년까지는 전자회사의 대표이사, 2015년부터 2018년까지 제약회사 사장을 역임했다. 등단 후에는 한국문인협회·한국수필가협회·선수필문학회 회원으로 활동하고 있다.

서양호 수필가의 이번 수필집은 전통 서정 수필의 흐름 속에서 노년의 회고를 사유적 깊이와 결합한 작품집이다. '노을'과 '물결'이라는 심상은 시간성과 기억의 파동을 동시에 상징하며, 한국 수필 문학의 서정적 계보 속에 자연스럽게 위치한다. 본 평설은 이 작품집을 미메시스(모방)·카타르시스(정화)·에크프라시스(묘사)라는 세 문학비평 개념을 중심으로 서양호 수필이 어떻게 개인적 삶의 기록을 넘어 보편적 의미를 획득하는지를 살펴본다.

『노을에 비치는 회상의 물결』은 팔순을 맞은 한 수필가가 생의 황혼에서 건져 올린 회고와 사색, 그리고 여생을 향한 다짐을 고요하고도 깊은 문장 속에 담아낸 작품집이다.

## 2. 서정적 회고 수필의 계보 속에 선 서양호의 수필

『노을에 비치는 회상의 물결』은 제목에서부터 이미지적 은유를 핵심 장치로 삼고 있다. '노을'은 시간의 황혼, '물결'은 기억의 파동을 상징하며, 이는 박목월, 피천득 등 한국 서정시와 수필의 전통과도 맞닿아 있다.

서양호의 글쓰기는 피천득의 「인연」처럼 서정성을 기본으로 하되, 단순한 감상에 머물지 않고 노년의 사유와 불교적 성찰을 결합한다. 이로써 그의 수필은 개인적 감정의 기록을 넘어 철학적 자기 성찰의 장르로 확장된다. 곧 노년의 시선으로 바라본 삶의 전경으로 책의 1부에서 서양호 작가는 「나이 듦에 대하여」「인생의 노을」「마지막 준비」 등에서 노년기를 단순히 쇠퇴의 시기가 아니라 마무리와 수양의 시기로 인식한다.

노년은 누구나 맞이할 수밖에 없는 현상이다. 노인임을 자각하게 되면 기울어져 가는 몸과 마음으로 노년을 어떻게 받아들여야 할지 고민하기도 하고, 아직은 미래에 도래될 일이라고 애써 외면하는 사람도 있다. 또 다른 한 편은 나 자신에게는 절대 노년이 오지 않으리라며 허세를 부리기도 한다. 하지만 이들 모두도 나이 들며 세월에 안겨지게 마련이라 노년은 오고야 마는 것이다.

- 「나이 듦에 대하여」 중

그러나 그것을 그냥 어쩔 수 없이 받아들이는 것으로만이 아니라 '지혜와 평정심을 가꾸어 세상에 휘둘리지 않으면서 인생의 정점에 자리하고 있는 존재로 살아가는 자세를 취할지는 선택의 문제'라며 능동적 자세를 취하고자 한다.

어느새 우리는 100세 시대를 살고 있다. 그렇다면 서양호 작가에겐 최소한 20년의 삶이 보장된다. 이 시대를 살고 살아가야 할 노년기의 삶에 어떻게 살 것인가의 방향성을 제시해 준다고 할 수 있다.

노화나 질병이 종종 참을 수 없는 고통을 안기기도 하지만 오래도록 시간과 마찰하며 늙고 병들어 간다는 것도 축복이라 생각하면 어떨까? 건강한 사람은 공간을 살고 아픈(늙은) 사람은 시간을 살게 된다. 미래가 줄어들고 과거가 부풀어 올라 살아생전 목격한 어두운 죽음들이 여생을 어둡게 비추거나, 한때 자신이 누리든 약동하든 생명력이 어느 순간 일상을 정지시키기도 할 것이다. 그러나 어쩔 것인가. 이 세상만사가 고정된 것은 없지 않은가. 요는 마음먹기 나름 아닐까? 노인이 되어 수동적으로 죽음을 기다리는 병약한 존재로 남을 것인가, 아니면 지혜와 평정심을 가꾸어 세상에 휘둘리지 않으면서 인생의 정점에 자리하고 있는 존재로 살아가는 자세를 취할지는 선택의 문제일 것이다. 화두를 던진다.

- 「나이 듦에 대하여」 중

그런가 하면 새로운 의식과 태도도 요구한다. '추가로 얻어진 생명 연장의 날들에도 수확이 있어야 한다'는 게 서양호의 노인관이다. 이런 건설적이고 생산적인 사고(思考)와 정신자세야말로 가장 바람직한 삶의 태도가 아닐까 싶다.

그뿐이 아니다. 어차피 맞이해야 할 죽음에 대해서도 어떻게 임해야 할지를 분명하게 얘기한다.

우리는 떠나겠지만 우리를 감싸고 있던 모든 것들은 남은 자에 의해 기억되거나 회자하며 자손을 통해서 영속되기도 할 것이다. 남겨진 사랑, 우정, 열정, 참여, 선행들이 잊히지 않아 그들의 대화 속에 기억으로 남을 것이다.

사랑하는 동안, 창조하는 동안 우리는 불멸이다. 생이 언젠가는 우리를 떠난다는 사실을 받아들이면서 다른 세대에게 잔잔한 기쁨을 줄 수 있도록 충분히 생을 사랑해야 한다. 남아 있는 모든 기력과 정신을 가다듬어 가능한 한 의연하게 세상과 작별할 마지막 준비를 하는 것이 현명하다.

- 「마지막 준비」 중

이 장면은 독자에게 일종의 카타르시스를 제공한다. 아리스토텔레스가 비극론에서 말한 카타르시스가 단순한 감정 배출이 아니라 정신적 정화라는 점에서, 이 수필은 종교적 심상을 통해 독자가 자기 내면을 비추게 한다. 특히 불상의 묘사와 내면 독백의 결합은 내적 체험의 보편화를 이루며, 독자가 자신도 모르게 그 고요에 동참하도록 만든다.

이처럼 서양호의 글에선 노화를 있는 그대로 수용하되, 그 속에서도 평정심과 품격을 지키려는 태도가 묻어난다. 예기(禮記)의 '그만둘 줄 앎', '쉴 줄 앎'을 인용하여, 내려놓음이 곧 노년다움의 핵심임을 설파하는 대목은 단순한 감상이 아니라, 시대를 살아낸 한 지성의 실천적 지혜로 다가온다.

수필 「인생의 노을」에서도 "노을은 하루의 끝이 아니라, 하루를 완성하는 빛이다."라고 말했다.

다가올 미래는 노인들에게 새로운 의식과 태도를 요구한다. 어쩌다 보니 긴 수명을 누릴 수 있게 되었지만 '남은 세월에 뭘 하며 이 세월을 지내야 하나'라는 강렬한 의문을 지울 수 없다. 할 일은 얼추 다 했고 마지막 종결의 시간은 다가오는데 그래도 뭔가 해야 할 것 같은 생각이 뇌리에 감돈다. 여생의 끝에는 모든 짐을 내려놓을 수 있는 약속의 터전이 있겠다고 여겨서 역설적으로 늙는다는 것이 위로라고 생각하기도 했다. 그런데 노인들은 늘어진 인간 수명 때문에 얻어진 이 새로운 만년의 세월을 누리면서 살고 싶어 하지만 세상은 이들의 소망을 쉽게 받아들이지 않고 있다.

> 노인은 쉬기를 원하지만, 세상은 더 활동적으로 버티라고 한다. 더하여 추가로 얻어진 생명 연장의 날들에도 수확이 있어야 한다고 여기는 게 아닌가.
>
> — 「인생의 노을」 중

여기서 서양호는 노을을 단순한 시각적 풍경으로 재현(미메시스)하는 것이 아니라, 의미를 '완성'의 상징으로 재구성 재해석한다. 아리스토텔레스가 말한 미메시스는 단순 모방이 아니라 "가능한 것, 있어야 할 것을 재현하는 행위"이다. 이 작가의 노을은 물리적 현상이 아니라, 존재의 마무리와 품격이라는 규범적 함의를 띤 재현이다. 이 점에서 서양호의 수필은 사실주의적이 아니라 해석적 수필의 범주에 들어간다고도 볼 수 있다.

아리스토텔레스는 『시학』에서 미메시스를 "존재하는 것뿐 아니라, 존재할 수 있는 것을 재현하는 행위"라고도 했다. 이 작가의 수필에서 독자는 현실의 풍경이 내포하는 규범적·철학적 의미도 발견하게 된다.

## 3. 불교적 사유와 카타르시스 – '반가사유상'의 정화 효과

2부에서는 불자로서의 자아가 뚜렷하게 드러난다. 불교적 사유와 사찰의 풍경이 보이는 글들로 「일체유심조」, 「고집멸도」, 「반가사유상」, 「불탑」 등에서 불교 교리와 번뇌의 사유, 그리고 사찰과 불상에서 받은 심상의 울림이 차분히 묘사된다.

　이 부분에서 작가의 문장은 유려함보다는 절제와 침잠을 택한다. 사물과 경관을 오래 바라본 이의 기록이기에, 독자는 화려한 수사가 아니라 속삭이듯 전해오는 깨달음의 어휘와 만나게 된다.

　수필 「반가사유상」에서 그는 한 불상의 반가사유 자세를 오래 바라보며, 그 표정에서 번뇌를 품고 있으면서도 평정을 잃지 않는 삶의 태도를 읽어낸다.

　　슬픈 얼굴인가 하고 보면 그리 슬퍼 보이지도 않고 미소 짓고 계시는가 하고 바라보면 준엄한 기운이 입가에 간신히 흐르는 미소를 누르고 있어서 무엇이라고 형언할 수 없는 거룩함을 깊이 느끼게 해주는 그것이 반가사유상의 모습이며 특징이리라.
　　인자스럽다, 너그럽다, 슬기롭다고 하는 어휘들 모두가 하나의 화음으로 빚어져 있어 관람자의 머릿속이 저절로 맑아지는 심정을 느끼게 되는 것이 바로 반가사유상 부처님이 중생에게 내리는 제도를 의미하는 것인지 모를 일이다.
　　　　　　　　　　　　　　　　　　　　　　　－ 「반가사유상」 중

　그러면서 "그는 다리를 내리고 떠나려 하지 않는다. 사유의 끝이 바로 길의 시작이기 때문이다."라고 말한다.

　일체유심조는 어떤 영향을 미치고 있는가가 궁금하다.
　사람들은 '마음먹기'나 '생각하기' 나름이라는 보편적 인식으로 마음

속에 지닌 정보나 이해를 바탕으로 자기 삶의 길을 결정하며 걸어간다.

　길은 사람이 다니는 통로다. 삶의 방향이나 지표가 무형의 길이라면 도시와 산과 들, 하늘과 바다에 나 있는 길은 유형의 길이다. 길은 물리적인 통로를 넘어서 인간 존재와 삶의 방향성을 상징하는 개념이다. 길은 내면의 탐구와 자아실현의 과정으로도 해석될 수 있으며 과정은 계속되는 성장과 변화를 의미한다. 길을 걷는 과정에서 발견되고 만들어지는 크고 작은 경험과 의미들은 자신의 마음에 의해 만들어져서 궁극적으로 삶 전체의 가치를 형성하게 된다.

　길은 목표 설정과 도전을 상징하고 삶에 의미와 목적을 부여한다. 삶에 체화된 다양한 경험과 선택은 길을 걷는 과정에서 생성된 것으로 인간의 선택과 자유의지를 상징한다.

- 「일체유심조」 중

　중생은 무지와 착각 때문에 소유와 영원에의 욕망을 버리지 못하는 것, 이것이 바로 모든 고통의 원인이 되며 괴로움을 겪는 이유가 바로 여기에 있다.

　인간은 본성적으로 결코 소유할 수도, 영원케 할 수도 없다. 왜냐하면 일체 존재와 현상은 자성이 없어[無自性] 마치 흐르는 물처럼 순간순간에 변하기 때문이다. 모든 존재는 순간에 변하는 연속적 흐름의 현상으로서 아무런 자성이 없다. 이런 흐름 속에는 항상 존재하거나 자신의 힘으로 생존하는 실체는 절대 없으므로 도무지 취착(取着)할 대상이 없는 것이다. 이를 모르고 소유와 영원을 향한 갈망으로 취착하려 드는 망상이 바로 괴로움의 원인이다.

　괴로움의 현실을 알고 그 원인을 안다면 그 원인을 소거하여 괴로움을 극복할 수 있기 때문이다.

-「고집멸도(苦集滅道)」중

길은 곧 삶이다. 나아가야 할 지향성이기도 하지만 삶의 도리이기도 하다. 길을 통한 경험과 의미는 아직 그 길을 가지 못한 자들에겐 소중한 정보다. 자칫 소유와 욕망에 치우치면 길의 방향성은 잃고 생각잖은 후회와 고통을 만들어 낸다. 하지만, 이 모든 것도 선택과 자유의지의 결과일 수밖에 없다.

### 4. 에크프라시스와 바다의 이미지 – '바다 앞에 서면'

서양호의 바다 글쓰기는 「바다 앞에 서면」에서 절정을 보인다. 그는 파도의 색과 리듬을 묘사하며 단순한 자연 풍경을 넘어, 바다를 생의 거울로 제시한다.

"파도는 끝없이 부서지지만, 부서질수록 더 깊어진다."

이는 미술 작품을 언어로 그려내는 에크프라시스적 기법과 닮아 있다. 독자는 문장을 읽으며 실제 바다를 보는 듯한 시각적 체험을 하고, 동시에 그 파동 속에 내재한 철학적 함의를 느끼게 된다. 이처럼 감각적 묘사와 사유의 결합은 수필이 산문시로 확장되는 순간을 보여준다.

부산 출신인 작가는 3부에서 「바다 앞에 서면」, 「바닷길을 걸으며」와 같은 글로 바다를 인생의 은유로 끌어온다. 그에게 바다는 단순한 경치가 아니라, 삶의 파고와 고요를 함께 품은 심상적 고향이다.

    길 아래 바닷가엔 억년 세월을 파도에 부딪히며 견뎌낸 크고 작은 검은색 바위들이 옥색 물보라를 일으키고 있다. 해안가의 출렁이는 파도를 보다가 시선은 저 멀리 끝없이 펼쳐진 바다에 이르기를 되풀이하고 있다. 바람이 불어온다. 바람 따라 파도가 밀려온다. 파도는 바람이 실어 오는 먼 대양의 언어다. 우주의 숨소리요, 태고 이래의 원음이다. 바다는 파도로 바람에 화답하고 있다.

- 「바다 앞에 서면」 중

    세상에는 숱한 길이 있다. 고샅길, 오솔길, 해파랑길 이름만 붙이면 길이 될 만큼 헤아릴 수 없이 많다. 우리 삶은 이토록 많은 길 위에 펼쳐진다. 이 수많은 길에서 펼쳐진 삶의 길이 인생길이다.
    일상에서 벗으나 해파랑길을 걸으며 바닷가에 앉아 보는 일은 흔한 일은 아니지만 특별한 사연이 있는 것도 아니었다. 사람들이 하는 행위에는 꼭 어떤 까닭이 있어서 하는 것이 아닐 때도 있다. 바닷길을 걷고 바닷가에 머물렀던 일은 특별한 힐링의 시간을 가져 행복의 방편을 삼으려는 것도 아니었다. 그냥이었다. 무심한 마음으로 그냥 바닷가를 걷고 싶어서 이 길을 나선 것이다.

- 「바닷길을 걸으며」 중

    바람이 일어야 파도가 생긴다. 바다는 바람과 함께 파도를 만들어 낸다. 어쩌면 파도는 바람이 지난 길 곧 바람의 흔적일 수 있다.

바닷길을 걷다 보면 그런 바람과 파도의 관계가 인생길을 생각하게 한다. 삶의 바람이 드세면 파도도 그만큼 거칠 것이다. 인생길을 가는 수많은 걸음도 때로는 아무 이유도 없이 무심한 마음으로 그냥 걷는 것 같지만 무언가에 대한 화답일 수 있다.

「봄날의 찬미」, 「늦가을 산책」, 「맨드라미」, 「배롱나무」 등에서는 계절과 사물에 깃든 세월의 색채와 정취를 포착한다. 화려한 묘사보다는 한 번 고개를 끄덕이며 넘어가게 만드는 담백한 서술이 특징이다.

    봄이라는 계절은 사람들에게 기쁨을 주고 생에 대한 경건한 자세를 가다듬게 하는 힘이 있는 듯하다. 푸른 하늘과 초록 산빛은 나의 눈을 씻기고 머리를 맑게 하고 마음을 정화한다.
    욕심과 무너진 자존감을 잠재우고 가슴에 쌓인 신산한 고통마저 잊게 한다. 푸른 하늘의 무한함과 찬란한 태양의 광명, 거룩한 산의 침묵과 겨울을 이겨낸 나무들의 인내가 초록빛으로 단장한 채 나의 머리와 가슴에 들어차게 되는 것이다.
    따사로운 날씨 이어지고 연녹색 잎들이 짙어지는 이때가 되면 마중하고 싶은 희망과 기다리는 이의 소식이 없다 할지라도 맑은 하늘과 푸른 숲을 스쳐오는 봄바람이 내 바람 중의 어느 하나쯤은 안겨줄 듯한 기대를 숨길 수 없다.

                                                   - 「봄날의 찬미」 중

가을이 쇠락과 허무의 시간만은 아니다. 시인은 '국화 옆에서'로 가을에 피어나는 성숙한 삶의 경지를 노래했다. 국화꽃 그윽한 향기를 맡으며 삶을 추스르고 다독이는 게 가을에 할 일이다. 살다 보면 서러운 일이 가슴에 쌓이기도 하지만 가을 서리와 찬 이슬로 그런 설움의 떨켜들을 씻어내어 말끔해진 정신의 빛을 반짝여야 할 일이다. 가을에는 고독 속에 침잠도 해 보고 '섧게도 빛나는 외로운" 순간을 누려도 볼 일이다. 긴 겨울로 가는 마지막 갈무리하듯 산길의 푸른 소나무 아래에도 솔잎 낙엽이 제법 많이 쌓여 있다. 바람이 분다. 늦가을 바람이 불어온다.

- 「늦가을 산책」 중


맨드라미는 독특한 외형에다 강렬한 색감과 오랜 개화기간에다 상징적 의미와 생장 특성 등으로 다양한 권의 매력을 갖춘 꽃이다. 거친 바람과 소나기에도 강건해서 기개 있게 더위를 이겨낸 후 늦가을까지 피면서 산책길을 생기 있게 하고 긍정적인 에너지를 전달해 준다.
꽃 그 자체가 하나의 예술 작품 같은 느낌을 주며 기쁨을 선사하는 사랑스러운 꽃이다.
올해 가을이 가면 나는 또 맨드라미가 피어날 다음 해의 가을을 기다릴 것이다. 그 꽃을 다시 보게 될 즐거움에 가슴 부풀며 풍성히 가을을 느끼게 될 것이다.

- 「맨드라미」 중


봄은 욕심과 무너진 자존감을 잠재우고 가슴에 쌓인 신산한 고통마저 잊게 한다. 가을엔 살다 보면 서러운 일이 가슴에 쌓이기도 하지만 가을 서리와 찬 이슬로 그런 설움의 떨켜들을 씻어내어 말끔해진 정신의 빛을 반짝이게 한다. 맨드라미는 거친 바람과 소나기에도 강건해서 기개 있게 더위를 이겨낸 후 늦가을까지 피면서 산책길을 생기 있게 하고 긍정적인 에너지를 전달해 준다. 이처럼 바다, 봄날, 가을, 맨드라미, 배롱나무 등 바다와 자연에 대한 서정으로 넘쳐난다. 이러한 시정은 자연을 자연으로만 바라보는 것이 아니라 인간의 삶과도 같이 생명으로 바라보기 때문이다. 이러한 에크프라시스는 그냥 할 수 있는 것이 아니다. 많은 독서와 깊은 사고의 결실이다. 이렇게 '바라본다'라는 것은 눈의 일이 아니라 마음의 눈 곧 심안(心眼)으로 볼 때 가능하다. 서양호의 이런 바라보기야 말로 수필가들에게 가장 필요한 덕목이다.

## 5. 사회와 언어에 대한 성찰 - '말의 품격'의 사회 수필적 성격

4부는 노년의 사유가 개인의 울타리를 넘어 사회로 확장된다. 「말의 품격」「예를 생각하며」「사자성어 용례」 등에서 언어의 오용과 가치의 훼손을 지적하며, 올곧은 품격을 회복하자는 제언을 한다. 여기서 그의 시선은 단순한 비판이 아니라 생활 속의 교정을 지향한다. 이는 나이 든 지식인의 도덕적 의무감에서 비롯된 듯도 하지만 '언어관과 윤리성'을 말하는 것이기도 하다. 특히 「말의 품격」에서 그는 현대사회의 언어 오염을 비판하며, 올곧은 언어가 인간 품격의 기초임을 역설한다. 이런 글은 단순한 개인 회상에서 벗어나 사회비판적 수필의 면모를 드러내면서 사회 수필적 성격을 보여준다. 문학비평적으로 이는 호레이스적 전통—즉, 문학이 '즐겁게 하며 가르친다'(dulce et utile)—를 계승하는 사례이다. 서양호의 수필은 아름다움을 전하면서 동시에 윤리적 경계심을 일깨운다는 것이다. 문학 윤리를 계승하는 사례로 개인적 회상을 넘어 사회적 발언으로 확장된다는 말이기도 하다.

  말을 의미하는 언(言)에는 묘한 뜻이 있다. 두[二] 번 생각한 다음에 천천히 입[口]을 열어야 비로소 말[言]이 된다고 했다. 사람에게 품격이 있듯, 말에도 나름의 품격이 있다. 그게 바로 언품(言品)이다. 큰 말[大言]은 담담하다. 담의 뜻은 빛이나 물의 흐름 따위가 그윽하고 평안한 상태를 나타낸다. 힘 있고 웅장한 것을 가리킨다. 반면 작은 말[小言]은 수다스럽고 가볍고 약하다.
  품위 있고 권위 있게 말하는 것은 결코 말만 번지레하게 하는 태도가 아니다. 사람이 지닌 고유한 향기는 말을 통해 뿜어져 나오며 사람의 품성이 드러난다.
  말은 품성이다. 품성이 말하고 품성이 듣는 것이라 했다. 늘 말을 조심하고, 하기보다 듣기에 더 마음을 두어야 할 일이다.
- 「말의 품격」 중

말이 품격을 가지려면 말하는 것이 아니라 듣는 것일 때 곧 말을 조심할 때 가능하다는 것인데 나이 들었다는 것은 말이 많아짐을 뜻하는 것이라는 충정의 조언일 수도 있겠다.

## 6. 여행 수필과 존재의 개방성 –여행기 속의 활력과 호기심

마지막 5부 여행기는 전권의 분위기와 다른 활력을 전한다. 「산티아고 순례길」, 「이스탄불 여행기」, 「러시아 바이칼 여행기」 등에서 작가는 나이에도 불구하고 여전히 세계와 접속하려는 호기심과 걸음을 멈추지 않는다. 여행지의 문화와 풍경을 묘사하면서도, 그 안에서 자기 성찰과 삶의 비유를 건져 올리는 것이 인상적이다.

여행기 「산티아고 순례길」에서 작가는 단순한 경로 기록이 아니라, 걷기의 과정에서 자신이 얼마나 세계와 연결되어 있는지를 발견한다. 이는 문학이 지닌 열림의 미학—에코(Umberto Eco)가 말한 '열린 작품'—의 실천으로 볼 수 있다. 독자는 여행길의 묘사를 따라가면서 각자 자신의 인생길과 겹쳐 읽게 될 것이다.

순례길을 걷는 동안 고마웠던 것 중의 하나가 길을 안내하는 표지석이었다. 주로 돌의 표면에 조개껍데기 형상이 새겨져 있고 그 아래에 노란색 화살표가 새겨져 있다. 방향을 가리키는 노란 화살표는 순례길의 길잡이며 그 아래에 남은 거리가 쓰여 있어 여정을 가늠할 수 있다. 인생살이에도 선택의 기로마다 길을 안내하는 그런 표식이 있다면야 얼마나 좋았을까. 어려운 결정을 위해 많이 부닥쳐 본 사람일수록 방향을 제시하는 조력이 더욱 절실한 법이다.

순례길을 걸으며 순간순간 행복감에도 젖는다. 아름다운 자연경관, 순례자들과의 다정한 눈인사, 자기가 선택해서 길을 걷는 행복감이 가슴을 벅차게 한다.

산티아고 길은 마음의 고통, 번뇌, 삶의 무게를 내리는 간절한 마음으로 기도하며 걷는 길이었다. 종교를 지닌 신앙인이 아니라 하더라도 순례길 곳곳에 자리한 십자가가 있는 교회나 성당(묘지를 겸한 경우가 대부분이다)을 지나칠 때는 마음이 숙연해지기 마련이었다. 삶이란 무엇이며 어떻게 살아야 하느냐는 원초적 질문을 가슴에 담게 되는 것이다. 가끔 나의 심성과 다르게 불쑥 튀어나왔던 행동들, 그런 무례함과 위선 뒤에 숨겨진 가당찮은 욕구, 괜찮은 사람이라고 평가받고자 했던 허물들, 바로 그런 자세들은 이 길을 걸으며 버리고 지워버려야 할 습성임을 자인하며 걷고 있었다.

- 「산티아고 순례길」 중

순례길에서 얻는 가장 소중한 것은 바로 걸으면서 버리고, 지워버려야 할 것들을 지워가는 것이란다.

## 7. 나가며-노을빛 서정과 철학의 융합

『노을에 비치는 회상의 물결』은 삶의 사계절을 거쳐 온 이가 마지막 계절에서 비로소 완성한 자기 언어의 모음집이다. 노년의 철학, 불교적 성찰, 자연에 대한 애정, 사회 언어의 품격, 그리고 여전히 현재진행형인 세계 여행의 기록이 어우러져 있다.

『노을에 비치는 회상의 물결』은 서정성과 철학성, 개인성과 보편성, 회고와 개방성의 이중 구조를 지닌다. 미메시스를 통한 현실의 해석, 카타르시스를 통한 정서적·윤리적 정화, 에크 파라시스를 통한 감각적 체험의 확장은 이 수필집을 단순한 노년 회상문이 아니라, 삶의 의미를 재구성하는 문학적 성취로 자리매김하게 한다. 서양호의 문장은 수려하거나 기교적이지 않아서 오히려 그 담백함과 절제 속에서 삶의 진실성이 우러난다.

따라서 이 수필집은 젊은 세대에게는 노년의 삶을 이해하는 창이 되고, 동년배 독자에게는 공감과 위안을 주는 거울이 될 것이며, 노을빛처럼 따뜻하고 서늘하여 오래 남는 여운의 글이 될 것이다.

한 권의 책이 세상에 태어나는 일은, 한 송이 꽃이 계절의 품 안에서 피어나는 것과 같다. 그러나 이 책은 단순한 꽃이 아니라, 인생의 깊은 저녁에 핀, 온 생애의 빛과 그림자를 머금은 꽃이다.

'노을'이라는 시어가 함축하는 것도 단순한 하루의 끝이 아니다. 그것은 지나온 길을 비추는 마지막 빛이며, 앞날의 황혼을 따스하게 감싸는 빛이다. 서양호 수필가의 글 속 노을은 미메시스의 전형처럼 실제 풍경을 재현하지만 동시에 그 빛에 '완성'과 '화해'의 의미를 불어넣는다.

서양호 수필가의 필치(筆致)는 마치 황혼 속 물결처럼 부드럽지만, 그 안에는 바다 밑 암반처럼 단단한 인생철학이 자리하고 있다. 이것이 바로 이 작가의 이번 수필집이 지니는 문학사적 의미도 될 것 같다. 한국 현대 수필의 서정성과 사유성을 동시에 계승하고, 그것을 오늘의 독자와 나누는 다리가 되는 서양호 수필가의 수필집 탄생을 축하하며, 앞으로도 작가의 제3, 제4의 노을빛 문장이 더 많은 사람들 마음속에 물결을 일으켜 주길 바란다. 한 권의 책이 주는 기쁨은 잠시지만 그 책이 남기는 사유의 울림은 오래도록 지속된다. 『노을에 비치는 회상의 물결』이야말로 그런 울림을 지닌 작품이다.

'문장의 길에 오르면 스스로 밝아진다[文登自晳.문등자석]'고 했고, '소 치는 들판에는 즐거움이 높으니[牛野樂高.우야락고]' '즐거움을 도모하다 보면 어찌 늙으리오[謀樂何老.모락하노]' 했으니 서양호 수필가가 가히 이렇지 않을까 싶다.

삶을 정리해 가면서 동시에 열어가는 문학적 성취로 평가될 수 있는 『노을에 비치는 회상의 물결』 수필집 상재를 진심으로 축하한다.

노을에 비치는 회상의 물결

**서양호 수필집**

초판 인쇄 2025년 9월 5일
초판 발행 2025년 9월 10일

**지은이** 서양호
**펴낸이** 정연순
**펴낸곳** 나무향
**주 소** 서울 광진구 자양로 28길 34, 드림스페이스 501호
**전 화** 02-457-2815, 010-2337-2815
**메 일** namuhyang2815@hanmail.net
**저작권자** ©2025 서양호
**출판등록** 제2017-000052호

가격 15,000원
ISBN 979-11-89052-96-6   03810

- 잘못 인쇄된 책은 바꾸어 드립니다
- 이 책은 저작권법에 따라 보호를 받는 저작물이므로 무단 전재와 복제를 금합니다